AF450014

Collana

Accademia

Il sapere a portata di tutti

Luciano Lima

EDUCAZIONE ALLA BELLEZZA

L'estetica come nuova paideia per i giovani

Collana Accademia
Educazione alla bellezza. L'estetica come nuova paideia per i giovani
di Luciano Lima
prima edizione: maggio 2023
© 2023, Santelli editore

Gruppo Editoriale Santelli

Santelli editore *dal 1987*
Via P. Calamandrei, 1
Cinisello B. - Milano - 20092
391.4602257
www.santellieditore.it
www.grupposantelli.it

*A Tiziana
musa della bellezza pedagogica*

PREMESSA

Riflettendo ancora sull'opportunità e la necessità di finanziare la scuola pubblica a beneficio dell'intera collettività si ripropone la domanda se oggi serva ancora la scuola avendo a disposizione una infinità di mezzi tecnologici e contenuti culturali di facile accesso tramite internet.

A prescindere tuttavia dall'esistenza di istituzioni formative pubbliche e private, in ogni tempo e in ogni società, l'uomo ha sentito l'impulso a fare cultura: a conoscere, a esprimersi, a imitare, a comunicare, a socializzare, a trasmettere alle giovani generazioni esperienze e valori, modelli di organizzazione sociale, tecnologie, miti, credenze, eccetera.

Tutto questo, ancora oggi, continuiamo a fare, ma fare cultura oggi e voler insegnare alle giovani generazioni, ci impone di aggiornare i modelli pedagogici, rivedere il tipo di paideia possibile alla luce di Nuovi Orizzonti e valori o concezioni filosofiche che reinterpretano l'essenza della vita sociale e individuale anche alla luce dei più recenti studi sulla anatomia e fisiologia del cervello e infine alla luce di teorie e scoperte psicologiche che in qualche modo ribaltano le priorità e le finalità educative.

Oggi è necessario collocare sullo stesso piano di attenzione la razionalità e il mondo culturale con la realtà emozionale e le esigenze affettive che condizionerebbero anche lo sviluppo del mondo razionale. In questa nuova prospettiva di maggiore dignità per il mondo affettivo, base peraltro del formarsi del carattere della persona umana, va collocata una nuova ipotesi di Paideia scolastica che collochi la cultura della bellezza e del sentimento estetico come motore della Formazione integrale dell'uomo.

capitolo 1

LA DISILLUSIONE DELLA D.A.D.

Abbiamo vissuto, nel recente passato, la stagione della violenta contestazione alla istituzione scolastica accusata da molti perché ancillare rispetto al sistema economico e politico dominante e finalizzata alla rigorosa selezione e di fatto emarginalizzazione del ceto sociale popolare.

Si contestava la cultura classica e l'impianto gentiliano del sistema formativo e si proponeva un modello organizzativo che desse dignità alla cultura popolare, ai linguaggi parlati dialettali, alle problematiche del presente, al protagonismo didattico degli studenti in cattedra, ai dibattiti socio-politici, alle assemblee per tutte le decisioni fino a giungere alla proposta di comprimere, se non escludere, l'autorità dei docenti e dei capi di istituto la cui legittimazione doveva essere ribadita con valutazioni continue da parte degli utenti. Si giunse infine alla teorizzazione di una descolarizzazione scolastica.

La stagione della contestazione permanente sfociò negli anni di piombo e nelle stragi di innocenti nelle varie piazze d'Italia o sui treni.

Con fatica il sistema Democratico ha ripreso la guida politica; si è cercato persino di riorganizzare il sistema formativo scolastico istituendo commissioni preparatorie per una sistematica riforma scolastica ma al di là di piccoli aggiustamenti, un vero e proprio impianto sistematico per la riforma della scuola secondaria superiore e per l'università non è stato realizzato. Sono state realizzate generose iniziative da parte delle singole scuole sia per rivedere i contenuti culturali compatibili con le esigenze sociali del nostro tempo sia per affrontare il più urgente problema del rapporto scuola e lavoro possibilmente nel rispetto delle istanze dell'orientamento e delle attitudini personali.

In questa fase di attesa, di sperimentazioni varie, di ricerca di modelli più idonei per aiutare i giovani a realizzare se stessi nell'armonia della vita sociale è scoppiata la grande crisi della epidemia virale da covid-19 e con essa la descolarizzazione con la precipitosa ricerca di una modalità di scuola a distanza con l'ausilio della tecnologia internet.

Gli studenti chiusi in casa seguono le lezioni a distanza e interloquiscono con i docenti tramite computer: la Dad.

Con questa forzosa modalità di scuola è stata messa la parola fine sulla illusione di una descolarizzazione per evitare l'egemonia delle classi dominanti per lo più di estrazione borghese: la Dad ha dimostrato che le famiglie ricche possono continuare a istruire i figli mentre i figli dei lavoratori meno abbienti abbandonano lo studio e usano il computer o i telefonini per incontri via internet e soprattutto come passatempi di ogni genere per lo più diseducativi se non immorali. Crisi di ogni genere, disillusioni e incertezze di modelli educativi ci impongono di riaprire il dibattito sull'assenza dell'istituzione scolastica pubblica e di ripensare i modelli educativi anche per aggiornarli alla luce di ricerche nel campo pedagogico e studi scientifici nel campo neurologico.

capitolo 2

CONTRIBUTO PER UN MODELLO PEDAGOGICO NELLA SCUOLA

Un qualunque contributo alla riflessione sul problema dovrà riprendere in esame i nodi tematici principali dell'analisi pedagogica e cioè: educazione, apprendimento, personalità, comunità educante, società, valori, carattere, comportamento, orientamento professionale, partecipazione democratica, destino dell'uomo, affettività.

La maggiore consapevolezza di questi nodi tematici della riflessione pedagogica potrà offrire le coordinate concettuali per affrontare la problematica dell'insegnamento e aggiornare l'aspetto organizzativo delle istituzioni scolastiche.

La visione articolata delle componenti del processo educativo e delle finalità della istituzione scolastica costringerà gli operatori dell'attività educativa e i responsabili della politica scolastica ad accantonare definitivamente il dogma pedagogico gentiliano secondo il quale chi possiede le conoscenze sa anche insegnarle e nello stesso tempo dissolverà l'illusione che la scuola ha il compito esclusivo di trasmettere conoscenze e preoccuparsi di sviluppare la sola dimensione cognitiva intellettiva della personalità umana, anche con la supplenza telematica.

Per quanto riguarda la comprensione dell'area semantica del termine "Educazione" il filosofo René Hubert nel suo trattato così chiarisce: «Il problema dell'educazione che è da considerare anzitutto problema filosofico, riassume in sé tutte le antinomie che la filosofia in ogni tempo ha cercato di superare: fra la natura e l'ideale della Coscienza, fra questo stesso ideale e la società, fra la natura e società e infine l'antinomia interna alla Coscienza stessa». (Hubert, p. 20)

Il problema dell'educazione non riguarda solamente l'istituzione scolastica: condizionamenti, esperienze formative, proposte di socializzazione provengono dalla famiglia, dalla società, dalla molteplicità di messaggi ed esempi che hanno un orizzonte locale, nazionale, internazionale, reale e virtuale. In questa complessità di fattori educativi e proposte non sempre felici l'istituzione scolastica si deve ritagliare il suo ruolo attenta a favorire la formazione di una sintesi culturale e valoriale perché la personalità in fieri degli studenti abbia le giuste proposte per potersi strutturare dispiegando tutte le energie potenziali.

La scuola da sempre si è chiesta in quale direzione procedere o meglio quali dovrebbero essere i fini che gli studenti dovrebbero raggiungere a conclusione del loro itinerario formativo.

La consapevolezza dei fini della educazione traccerà le linee lungo le quali gli operatori scolastici dovrebbero, anzi dovranno, muoversi per le scelte degli obiettivi didattici.

Sappiamo perfettamente che nelle diverse stagioni storiche e politiche e ovviamente nelle diverse società i fini dell'educazione hanno avuto indicazioni diverse e molto spesso l'azione della scuola doveva essere al servizio della politica o della società e dei gruppi sociali dominanti. Il filosofo René Hubert nel suo trattato scrive: «Se l'educazione è il complesso delle azioni esercitate sull' individuo per aiutarlo a raggiungere quei fini cui è destinato è logico supporre che tali fini siano in qualche modo iscritti nella natura stessa dell'uomo e che l'azione pedagogica abbia lo scopo di favorirne lo sviluppo». (p. 29)

Il disegno di una nostra scuola democratica ci obbliga ad approfondire il concetto di natura dell'uomo perché l'azione educativa deve essere rispettosa di questa peculiarità degli studenti se non vuole essere coercitiva e trasformarsi in ammaestramento e addestramento militare. È bene ribadire che l'educazione è tale se è liberatrice del potenziale umano di ogni studente.

La focalizzazione sul concetto di natura umana apre un dibattito pedagogico sempre attuale. René Hubert scrive: «Che cosa dobbiamo intendere per natura. La materia, la vita, la società, la Coscienza stessa hanno una propria natura. Dovremo intendere per natura tutte le manifestazioni dell'esistenza di qualunque tipo esse siano o non piuttosto quelle che concernono il mondo materiale e l'Ordine biologico?». (p. 29)

Detto di sfuggita il tema della natura umana è stato oggetto di esame e di teorizzazione dei tanti filosofi nella storia del pensiero: a volte è prevalso l'orientamento materialistico e deterministico biologico, a volte è prevalso l'orientamento idealistico e spiritualistico.

Le teorie dell'essenza della natura umana hanno messo in evidenza le antinomie tra la natura umana e la società e anche quelle presenti all'interno della stessa natura umana. Per il filosofo Hubert è comunque necessario escludere la concezione secondo la quale la natura umana avrebbe in sé tutto il patrimonio genetico che è pronta per estrinsecarsi (secondo leggi genetiche necessarie) purché non trovi ostacoli nella società: questa sarebbe la cosiddetta educazione negativa che vede nella natura il bene e nella società il rischio della devianza. Per Hubert nel concetto di natura umana dobbiamo cogliere due distinte forme di natura (per certi versi antinomiche) e cioè la natura intesa come patrimonio genetico e soggiace alle leggi della scienza (come la biologia) e quella particolare natura dell'uomo che chiamiamo Coscienza per la quale non si applicano le categorie e le leggi della scienza ma la riteniamo il regno della libertà e del potere volitivo dell'uomo razionale.

La natura dell'uomo non si racchiude nella sua dimensione deterministica studiata dalle scienze esatte ma si apre nell'orizzonte della creatività dello Spirito che aspira a darsi forme di realizzazione sempre nuove e come scrive Hubert «Questa essenza profonda, questa intima verità dell'essere può venire rivelata non dalla scienza, ma dalla riflessione interna di una Coscienza destinata a conoscere e volere se stessa». (p. 41)

Questa peculiare e antinomica natura dell'uomo ci costringe a cercare i fini dell'educazione nei due regni: quello della genetica e delle Scienze esatte e in quello dello Spirito, regno della Coscienza libera e razionale dominato dal perenne anelito alla conoscenza e ai valori della perfezione e della bellezza, navigando in un Cosmo Senza Confini cercando il significato ultimo del mistero della vita.

I fini dell'educazione secondo il filosofo Eustachio Paolo Lamanna vanno tratti proprio dalla predominante e principale Natura Spirituale dell'uomo che esige una forma di educazione che permetta di "realizzare nel soggetto educabile la libertà dello Spirito secondo un tipo ideale di natura umana"; l'educazione è dunque «formazione delle capacità di pensare e volere come un essere consapevole e padrone di sé. Dunque è assurda e contraddittoria un'educazione meccanizzata e meccanizzante, un'educazione che segua un procedimento meccanico e giunga a un risultato meccanico». (p. 34)

Queste parole scritte in una stagione culturale diversa dal nostro tempo sono la profetica condanna di metodi didattici che sostituiscono le macchine alle dinamiche emotive e culturali dei diretti rapporti umani. Ogni individuo nel suo itinerario formativo ha bisogno di un modello, un maestro ideale che si fa sentire come stimolo di elevazione, come impulso a cercare, come segreto conato di chiarificazione di sé a se stesso, come infinitudine potenziale che vuol determinarsi in una forma.

Ma quale carisma, quale capacità e attitudine dovrà possedere questo maestro ideale?

Costui è necessario per il percorso formativo della personalità del giovane e deve essere capace di entrare nelle dinamiche spirituali di ogni giovane e «ripercorrere con lui quel processo di superamento e divenire capace di essere accolto dallo studente che sentirà il maestro interprete dei suoi bisogni (socraticamente l'ostetrico che lo aiuterà e assisterà nella generazione spirituale della sua personalità e lo guida nel suo sforzo di ricerca di sé medesimo)». (Lamanna, p. 35)

Detto con un'altra terminologia l'educatore dovrà aiutare l'educando a formarsi una capacità di autonomia partendo dalla sua natura biologica che lo costringerebbe a rimanere in una condizione di eteronomia dipendendo esclusivamente dalle leggi della biologia e dei condizionamenti ambientali.

In questo itinerario di passaggio dalla eteronomia all'autonomia i fini della Educazione non risiedono nelle entità e autorità esterne ideologiche culturali, politiche, religiose che volessero asservire le persone sacrificandole a queste idealità assolute presentate nella loro preminenza valoriale. Si ribadisce dunque che i fini dell'Educazione sono intrinseci alla persona stessa e si propongono di far maturare le potenzialità presentando l'uomo nella sua individualità come valore al quale spetta il compito di scegliere, di creare, di aderire, di accettare progetti e proposte di collaborazione nel rispetto delle capacità e risorse disponibili.

L'obiettivo potrebbe peccare di semplicismo e di Utopia perché in effetti non è semplice per nessun giovane realizzarsi felicemente entrando in armonia con il mondo e con le sue proprie aspirazioni. Si coglie qui l'aspetto antinomico che è proprio dei processi educativi.

L'antinomia della quale dobbiamo essere tutti consapevoli è bene chiarita dal filosofo dell'educazione René Hubert: «L'educazione deve aiutare il giovane a realizzarsi ma costui non trova in se stesso né le risorse né il discernimento necessario per tale realizzazione di sé. Interviene l'educazione ad aiutarlo: per questo essa deve da una parte seguire la natura, assicurare lo sviluppo, utilizzarla come materia, farne il mezzo per raggiungere i fini auspicati, ma d'altra parte deve rompere con tale natura, correggerla, emendarla, domarla e combatterla incessantemente [...]. La vita aspira a essere libertà e vi riesce solo svincolandosi dalla natura». (Hubert, p. 42)

L'educazione dunque poggia sulla natura biologica ma agisce sull'educando affinché sappia che questa natura tende a schiavizzare e ostacolare la creatività dello Spirito umano e non consente la maturità di quella razionalità che si nutre di valori culturali.

Precisa Hubert che la natura dell'uomo studiata dalle scienze esatte come la biologia e le altre sono il terreno di coltura della crescita della personalità umana ma i fini della educazione sono fini Spirituali e attengono alla libertà della Coscienza e quindi alla creatività dello Spirito.

capitolo 3

IL REGNO DELLA LIBERTÀ E I VALORI DELLO SPIRITO COME FINI DELL'EDUCAZIONE

L'azione educativa non è solamente insegnare ad apprendere alcuni determinati contenuti culturali ma come dice il filosofo Lamanna «promuovere lo sviluppo di attitudini e qualità le quali valgono non per noi che educhiamo ma per il soggetto che viene educato». La maturazione di queste attitudini e qualità è la condizione perché l'uomo esca dalla sua animalità e si faccia Coscienza piena. Ovviamente la cosiddetta animalità dell'uomo, la sua condizione biologica non va repressa: va guidata e armonizzata con tutte le dimensioni della persona umana.

Il raggiungimento dell'obiettivo educativo si ha quando il giovane esercita la sua libertà sapendo nutrire lo Spirito con valori universali realizzandosi grazie alla sua creatività che vuole esprimersi.

L'elemento che connota la Coscienza è la dinamicità e l'esigenza di superarsi continuamente verso mete sempre più ambiziose. René Hubert così descrive la dinamicità della Coscienza: «Il sentimento Vitale è la forma più elementare della Coscienza [...] senso del divenire in quanto tale; intenzione di essere ciò che si è ora diventati e senso dello slancio che si aggiunge al divenire e spinge il divenire a superare incessantemente se stesso; intenzione di essere altro da ciò che si è appena stato; rapporto di sé, a sé [...]. Ecco la Coscienza, l'uomo, ecco lo Spirito». (p. 33)

La Coscienza non appare all'improvviso in tutta la sua plasticità: il seme iniziale e la sua misteriosa essenza si sviluppano con un lento maturarsi che ha la base e il terreno di coltura nell'humus biologico.

Il giovane organismo umano si sviluppa evolve grazie ad alcune forze interne e misteriosi disegni genetici stampati nei linguaggi biologici del filamento del DNA: la maturazione si realizza con l'interazione dell'ambiente esterno sotto la spinta di pulsioni che chiamiamo bisogni sia fisiologici che emotivi e spirituali. «Che cos'è il fanciullo al momento della nascita? Un essere fisicamente incompiuto e mentalmente informe. Egli porta in sé un complesso di dati biologici innati cioè la sua costituzione genotipica ereditaria, forse certi caratteri particolari della stirpe forse altri già acquisiti nel corso della evoluzione fetale. È capace di adattarsi all'ambiente in cui è chiamato a vivere, cioè di assimilare gli elementi e di reagire a essi grazie alla sua struttura morfologica e ai suoi riflessi funzionali preformati che rappresentano in lui qualcosa dell'antica esperienza ancestrale (respirazione, deglutizione)». (Hubert, pp.113-114)

Scrive il filosofo: «Il periodo infantile è dominato dalle necessità fisiologiche dello adattamento all'ambiente esterno [...] non si tratta tuttavia di un ambiente puramente fisico, ma, per così dire, di un ambiente già socializzato dalle attività umane, di modo che l'adattamento avverrà non soltanto con le cose ma altresì con i prodotti della Industria e con gli esseri viventi che circondano il neonato». (p. 115)

Il processo di adattamento all'ambiente fisico e antropico è caratterizzato e anzi dominato da interessi organico-affettivi e in questa fase iniziale il bambino è in una condizione per cui non si coglie la distinzione tra il soggetto e l'oggetto: c'è anzi una identificazione.

Le successive fasi dello sviluppo sono così descritte dal filosofo: «Hanno poi inizio i primi atteggiamenti con significato affettivo: a questo stadio senso-motorio (prevalenza dei fattori corticali sui fattori sub-corticali) è più tardi lo stadio proiettivo (insorgere della mobilità intenzionale)». (p. 115)

La dinamica di sviluppo motorio e psico-fisico è ancora descritta attingendo a le osservazioni comportamentali che non sono ancora supportate da conoscenze sperimentali delle neuroscienze.

La vita iniziale del bambino è caratterizzata da un «sincretismo indifferenziato, fusione con l'ambiente fisico e sociale, assorbimento nella affettività di tutte le forme della vita psichica, assenza del sentimento del me come del sentimento del non-me e perciò di ogni loro discriminazione, Questi sono i caratteri essenziali della mentalità infantile». (Hubert, p.117)

Mentre appare dominante questa percezione sincretica del mondo infantile nel quale tutto è visto sotto il dominio delle emozioni elementari quali la paura, la collera, il piacere, l'angoscia «si opera una importante evoluzione della sensibilità e del comportamento nei riguardi dell'ambiente. Dalle reazioni della sensibilità protopatica [...] il bambino passa, da una parte, a una progressiva organizzazione per differenziazione delle attività motorie e dall'altra, a una prima setacciata per così dire, delle proprietà che interverranno nella costruzione del mondo esterno» (p. 116). Questa progressiva costruzione del mondo esterno è proprio l'inizio della Coscienza. Come è stato notato l'approccio al discorso del formarsi della Coscienza è di carattere descrittivo comportamentale in assenza di studi e conoscenze scientifiche riguardanti l'anatomia e la fisiologia del cervello.

Oggi, nonostante i dubbi e le parziali scoperte sulla funzione elettrochimica delle cellule cerebrali, sono stati fatti notevoli progressi di conoscenza sulle attività delle diverse aree del cervello e notevoli sono le ipotesi sulle modalità di sviluppo dell'apprendimento e della progressiva formazione della Coscienza.

capitolo 4

GLI STUDI SUL CERVELLO: FUNZIONI BIOLOGICHE VITALI E FUNZIONI SPIRITUALI

Il discorso pedagogico contemporaneo non si accontenta delle finalità filosofiche né delle osservazioni del comportamento o delle sperimentazioni psicologiche e neppure della psicologia del profondo né di essere assorbito dalla Sociologia. Tutti questi studi continueranno a dare il loro necessario contributo ma tutti dovranno aggiornare i loro orientamenti e tesi alla luce degli Studi delle neuroscienze peraltro in fase evolutiva. In questa sede si vuole dare conto di alcune conoscenze offerte dal famoso neurochirurgo Giulio Maira e da altri divulgatori delle ricerche sul cervello come Daniel Goleman.

CONFIGURAZIONE DEL CERVELLO

Scrive Maira: «Nella configurazione attuale del nostro cervello possiamo riconoscere sia le strutture più antiche altamente specializzate in funzioni vitali e nella elaborazione di emozioni, sia quelle più recenti capaci di complessi operazioni intellettive [...]. Le strutture cerebrali più antiche si trovano nella parte posteriore e centrale del cervello e comprende il tronco encefalico, il cervelletto e i nuclei di base. In esse troviamo le strutture che permettono al cuore di battere e ci consentono di respirare; quelle che regolano i nostri stati di veglia e di sonno; che percepiscono gli sbalzi di temperatura e il senso di fame che ci permettono di muoverci in modo coordinato. In altri termini queste strutture antiche controllano funzioni necessarie per la sopravvivenza e lo fanno senza mai fermarsi in modalità completamente automatica; nessuno di noi si pone il problema di dover respirare o di modificare il battito del proprio corpo». (Maira, p. 67)

Questa struttura primaria del cervello è identica a quella dei rettili. Nei mammiferi si sono formate strutture cerebrali nuove che nell'uomo sono collocate al centro del cervello in posizione di avvolgimento rispetto alle strutture più antiche: sono queste le strutture del sistema limbico. «Queste aree» scrive Maira «sono deputate alla elaborazione delle emozioni e al controllo dei comportamenti». È il cervello emotivo preposto «per evitare situazioni sgradevoli (minacce, pericoli, eventi che ci incutono paura) o per cercare e perseguire emozioni piacevoli (nutrirsi, stare con persone che ci fanno sentire sicuri, che ci dimostrano affetti, che ci piacciono)». (Maira, p. 68)

Il complesso e articolato mondo delle emozioni è come il custode della vita e ci indica i comportamenti da effettuare o da evitare secondo il programma che la "natura" ha disegnato a priori. Di quale linguaggio si serve questo sistema emotivo collocato nell'area limbica del cervello?

In estrema sintesi possiamo dire che il sistema utilizza due leve e cioè il piacere e la frustrazione; il desiderio e il rifiuto; l'attrazione e la repulsione. Queste emozioni percorrono 2 canali principali cioè quello dei sensi esterni (affetto, gusto, vista, tatto, udito) e quello più complesso dei sensi interni quali bisogno di sicurezza, di amore, di stima, di affermazione di sé, di conoscenza, di scoperta, di espressione creativa, quello di evitare pericoli e minacce, di consacrare e preservare l'integrità fisica e morale.

Le strutture più importanti del sistema limbico sono «l'ippocampo, porta di ingresso della memoria, l'amigdala il luogo in cui nascono le emozioni; il talamo, una sorta di stazione di ritrasmissione che raccoglie segnali degli organi dei sensi e li spedisce alle varie regioni della corteccia; l'ipotalamo regolatore della temperatura corporea, del ritmo sonno veglia, della fame, della sete e di alcuni aspetti della riproduzione del piacere». (Maira, p. 67)

Ma la struttura più sorprendente del nostro cervello è la Neocortex: «Quantunque sia sottile quanto un fazzoletto è particolarmente sviluppata: corrisponde al 80% circa della massa cerebrale ed è assai convoluta ripiegata su se stessa [...]. Piegandola e ripiegandola, creando solchi e le fessure che a loro volta costituiscono le circonvoluzioni e i lobi, la natura ha fatto sì che il cranio potesse contenerla». (Maira, p. 68)

Le tre parti fondamentali del cervello sono deputate a svolgere le tre grandi categorie di funzioni principali della vita dell'uomo:

Assicurare la sopravvivenza grazie alle attività vitali indispensabili rese possibili dalla parte più antica del cervello.

Utilizzare le emozioni come organo controllore e promotore delle molteplici attività della vita umana sia quelle biologiche, quelle sociali, culturali e spirituali, creative, pratiche, utilizzando le leve del piacere e della frustrazione site nel Sistema Limbico.

Sviluppare e arricchire l'affascinante e misterioso sistema neurale del cervello Neocortex per attivare la Razionalità; svolgere le attività superiori della Mente, arricchire quel misterioso mondo della Coscienza delle cose e dell'autocoscienza; mettere in funzione la creatività originale di ogni uomo; alimentare quell'ansia conoscitiva che partendo dal mondo naturale della materia si dilata verso la metafisica per esplorare il mondo dello Spirito Infinito e assoluto secondo la filosofia.

È interessante sottolineare che anche dagli studi scientifici delle neuroscienze ci giungono contributi per l'arricchimento o la conferma di studi pedagogici ad esempio quelli riguardanti le finalità educative non circoscritte da perimetri sociologici, o ideologici, o tecnologici e politici.

Gli studi delle neuroscienze indicano che gli uomini di ogni stagione storica e latitudine geografica hanno ritenuto (e continuano a ribadire) che tra le finalità educative si collocano oltre a quelle peculiari delle etnie di appartenenza le seguenti: la realizzazione di se stessi; il raggiungimento della felicità con la sicurezza e il benessere fisico e morale; la bellezza come contemplazione e creazione artistica; la ricerca di emozioni positive; la conoscenza della realtà fisica e antropica; l'appagamento del bisogno di conoscere il significato della vita, il bisogno di eternità, ma anche il bisogno di socialità e di solidarietà. Queste finalità educative universali ribadite dagli studi delle neuroscienze sono quelle stesse già indicate da studi filosofici.

Il filosofo Aristotele nell'antica Grecia scriveva: «La vita felice è una vita che realizza le nostre potenzialità di essere umani».

Questo compito di autorealizzazione e di progressiva Acquisizione di competenze e di produzioni sia pratiche che spirituali è il fine stesso dell'educazione che si realizza con la maturazione del carattere. Autorealizzazione, socializzazione, maturazione del carattere, Acquisizione di conoscenze e competenze, Sviluppo ed Espressione della creatività culturale, Anelito all'Assoluto sono in definitiva i fini fondamentale che ogni Paideia dovrebbe collocare come traguardi dell'azione educativa.

Il discorso pedagogico rimanda l'attenzione ai processi mentali di apprendimento che si effettuano nel giovane in età evolutiva ma questi processi devono svilupparsi nei contesti ambientali fisici, socio-culturali, affettivi parentali, nei quali purtroppo non sempre si incontrano situazioni favorevoli.

Il filosofo René Hubert ponendosi il problema della natura di una filosofia dell'educazione si chiede: «È possibile una legge generale dell'evoluzione psicogenetica e di scoprire il significato che essa può avere per una filosofia dell'educazione?». (p. 140)

Hubert ritiene che l'evoluzione mentale nel corso dell'età evolutiva sia caratterizzata da fluttuazione nel rapporto uomo-ambiente per la progressiva conquista della conoscenza oggettiva della realtà che si ottiene non meccanicisticamente ma per progressive rappresentazioni e costruzioni da parte della psiche umana.

Nella fase di partenza l'individuo è incapace di distinguersi dall'ambiente e ovviamente non ha Coscienza dell'oggettività del Reale perché il bimbo si trova nella fase psicologica del sincretismo indifferenziato come se il cordone ombelicale che lo teneva avvinto alla madre si fosse trasformato in un cordone affettivo che gli garantisce il soddisfacimento di tutti i suoi bisogni vitali.

Hubert chiarisce che il bambino nella fase evolutiva da 1 a 3 anni «organizza una prima sintesi mentale, aggredito dalle impressioni del mondo esterno». (p. 140)

Dopo i 3 anni il fanciullo interpreta la realtà in funzione di se stesso e crede che tutta la realtà sia al servizio dei suoi bisogni.

La terza infanzia che coincide con l'ingresso del fanciullo nella scuola elementare si caratterizza per l'allentamento della visione egocentrica e la scoperta del nuovo mondo sociale e il ricco interscambio con i coetanei della scuola primaria.

È questa la fase della maggiore scoperta e ricostruzione mentale della realtà vista con una attenzione più oggettiva sotto la spinta di un forte bisogno di apprendimento di regole e leggi che legano i fenomeni del mondo esterno.

L'inizio dell'adolescenza rimette in crisi l'approccio oggettivo con l'ambiente esterno: Hubert parla di «interpretazione del mondo esterno come fase della soggettività della preadolescenza e dell'adolescenza fortemente concentrata sul piano teorico e ideale con un'attenzione preminente sull'ambiente sociale astratto e culturale». (p. 141)

La conclusione del processo di apprendimento e quindi interpretazione della Realtà e del proprio mondo psicologico dovrebbe avvenire nella fase della maturità.

«L'esatta discriminazione fra l'obiettivo (la realtà esterna oggettiva) e il suo subiettivo è infatti l'ultima conquista dello sviluppo». Per il filosofo in questa fase di piena maturità la «personalità individuale deve concludere il processo di liberazione dall'ambiente per opporsi a questo ed equilibrarsi con lui. Allora soltanto può dirsi che la Coscienza individuale coincide col pieno possesso e con l'organizzazione del sistema di rapporti che uniscono l'individuo all'ambiente». (p. 142)

La ricostruzione, (interpretazione della realtà oggettiva) non sarà effettuata nella stessa maniera da tutti. Scrive Hubert: «Ogni Coscienza ha un modo tutto proprio di operare questa presa di possesso e questa organizzazione giacché una Coscienza è individuale solo quando specifichi il proprio punto di vista sulla totalità dell'esistenza». (p. 142)

La realtà del mondo esterno non si stampa meccanicamente nel mondo interno dell'uomo è invece frutto di una lunga e continua ricostruzione che ogni individuo viene facendo nel corso della sua esistenza servendosi di categorie mentali che il filosofo Kant chiamerebbe a priori. Con esse il mondo esterno si organizza grazie al continuo processo di apprendimento della Coscienza secondo il quale i fenomeni esterni vengono legati e razionalizzati con il concetto di causa, di tempo, spazio, ecc. Con questo processo di sistemazione da parte della Coscienza individuale il mondo "squadernato", per dirla con Dante, diviene sistema razionale nel quale gli elementi che lo compongono vengono interconnessi formando un organismo vitale dove si colgono le finalità, le funzioni, i fattori di forza. Ogni uomo diviene sempre più cosciente della realtà con la quale interagisce in un continuo scambio e condizionamenti reciproci.

Lo sviluppo di questo processo di Coscienza non è identico in tutti gli uomini ma grazie a questo processo di coscientizzazione della realtà l'uomo si realizza e diviene libero e felice emotivamente.

Sottolinea il filosofo Hubert: «Se l'evoluzione mentale ha un significato filosofico lo si deve a questa individuazione progressiva che attraverso una serie di adattamenti vari tende a sfociare nella libertà». (p. 142)

Non tutti gli esseri umani hanno lo stesso processo di apprendimento, non tutti sviluppano il processo di coscientizzazione nella stessa maniera, non tutti posseggono lo stesso patrimonio genetico grazie al quale è possibile riorganizzare la realtà, non tutti colgono dalla realtà gli stessi elementi e significati; non tutti realizzano la stessa tipologia di sintesi razionale e affettiva. Ogni essere umano si fa la sua concezione del mondo e aderisce emotivamente a categorie di valori diverse creando una scala gerarchica che permette di dare attenzione, importanza, passione, dedizione a diversi aspetti della realtà sociale, ambientale o psicologica. Sul problema è bene però cercare nuovi contributi nel campo delle neuroscienze.

capitolo 5

L'APPRENDIMENTO E IL PROBLEMA DELLA COSCIENZA NELLE NEUROSCIENZE

La riflessione sul problema dell'apprendimento secondo la ricerca scientifica delle neuroscienze ci conduce allo approfondimento del tema delle sinapsi cerebrali.

Per il neurochirurgo Giulio Maira «le sinapsi sono alla base di tutte le funzioni svolte dal nostro cervello inclusi i processi cognitivi quali l'attenzione, la percezione, l'apprendimento, i processi decisionali così come l'umore l'affetto». (Maira, pp. 40-41)

Queste prime affermazioni sulla modalità biologica di attivazione di processi mentali ci costringono a trovare in seguito la sintesi necessaria tra le teorie di origine filosofica e psicologica e le eccezionali scoperte sul funzionamento del cervello e dei suoi circuiti neurali invitandoci quindi comunque a non lasciarci deviare verso percorsi di riduzione materialistica e meccanicistica.

Scrive Maira: «L'apprendimento è semplicemente la creazione di sinapsi. Grazie alla loro funzione di mediare il trasferimento della informazione tra le cellule nervose, le sinapsi sono strutture fondamentali del cervello sono i mattoni alla base della realizzazione del progetto-intelligenza umana». (Maira, p. 41)

Ma dove vanno i tantissimi dati di informazione che entrano nel cervello attraverso i canali sensoriali (vista, udito ecc.)?

Come si dirà più avanti i dati sensoriali subiscono una particolare codificazione da parte del cervello e saranno trasformati in impulsi elettrochimici. Confluiranno nell'area del cervello chiamata Ippocampo, struttura strettamente connessa con le aree delle emozioni in particolare l'amigdala; tali dati dunque si caricheranno di colore emotivo utilizzando l'ampio spettro che va dalla paura, alla frustrazione, depressione, piacere desiderio attrazione. Grazie ai tantissimi circuiti di cui si compone l'encefalo i dati sensoriali vengono classificati e fatti affluire nei "cassetti" delle aree della corteccia che memorizza i dati a seconda del tipo di senso da cui proviene. Maira, nel suo saggio, descrive la dinamica delle informazioni tradotte in impulsi elettrici: «Nessuna cellula può funzionare da sola. Ogni neurone è connesso a migliaia di altri che a loro volta si collegano ad altre migliaia e così via in una rete gigantesca tortuosa e aggrovigliata. Il cervello a qualunque livello lo si osservi è una rete. È l'operazione organizzata dei nostri milioni di neuroni che ci rende intelligenti. Un punto cruciale di tutto questo lavoro si realizza con la giunzione tra due cellule là dove avviene la trasmissione dell'informazione». (Maira, p. 40)

Risulta dunque che il dato di informazione che parte dai sensi viene codificato con un linguaggio di natura elettrochimica. Questi stimoli elettrici corrono da una cellula neuronale all'altra lungo il filamento chiamato assone che si collega ad altro filamento. Si tratta però di collegamenti particolari che non sono vere e proprie congiunzioni ma accostamenti che lasciano spazi microscopici nei quali l'impulso elettrico in arrivo, portatore di informazione, manovra la liberazione di sostanze chimiche chiamate neurotrasmettitori. Queste sostanze attivano i ricettori dell'altro neurone e a questo punto il segnale chimico si riconverte in un segnale elettrico portatore della informazione. In definitiva le informazioni viaggiando dentro i segnali elettrochimici giungono nelle diverse aree del cervello.

Il meraviglioso "meccanismo" di scambio tra i neuroni si chiama sinapsi. Il fatto quasi incredibile dell'attività cerebrale è la costruzione o formazione di collegamenti sinaptici da parte delle cellule neuronali tutte le volte che ci sono stimoli sensoriali e attività mentali di diversa natura. La conclusione incredibile ed eccezionale di questo processo di costruzione sinaptica è che maggiori sono gli stimoli maggiore è la produzione materiale di collegamenti sinaptici con la formazione di sempre nuovo materiale cerebrale. La considerazione di evidente rilevanza pedagogica è che ogni forma di apprendimento produce nuove sinapsi e dunque nuovo materiale cerebrale: scrive Maira: «Quando il cervello costruisce una nuova traccia di memoria non crea una nuova cellula cerebrale, un nuovo neurone dentro cui mettere il dato, piuttosto crea nuove connessioni tra le cellule cerebrali; nuove sinapsi, oppure rinforza connessioni esistenti». (Maira, p. 41)

Queste informazioni meritano di essere ulteriormente sottolineate per meglio comprendere i processi dell'apprendimento a beneficio degli operatori scolastici che hanno il compito di favorire proprio questi processi. È bene ribadire che i circuiti cerebrali non sono immodificabili ma in base agli stimoli esterni possono essere ristrutturati e anche demoliti con il meccanismo della potatura delle sinapsi, il cosiddetto "pruning".

I processi cognitivi quali l'attenzione, la percezione, l'apprendimento, i processi decisionali così come l'umore e l'affetto producono connessioni sinaptiche e amplificano materialmente il volume del cervello.

«La quantità di sinapsi che sono dentro la nostra testa è incredibile [...]. In ogni istante, in ogni cervello umano, milioni di impulsi elettrici si inseguono come scie luminose in un luna park sfrecciando lungo l'assone fino a 480 km orari, mentre quantità innumerevoli (di sostanze chimiche) saltano da una cellula all'altra mandando informazioni». (p. 41)

La cosa incredibile e fino a oggi misteriosa è che questi miliardi di impulsi elettrochimici sono la fonte e la garanzia della nostra sopravvivenza biologica e psicologica. La domanda senza risposta che affiora dalla prima riflessione è come possa scaturire il pensiero e l'attività della Coscienza o anche la Coscienza stessa dalla infinità degli impulsi elettrochimici e dai miliardi di sinapsi tra i milioni di neuroni organizzati in strutture tra loro collegate ma diversificate nelle funzioni.

Scrive Maira: «Studiando il nostro cervello e pensando ai miliardi di fibre che vi si intrecciano non è strano che si abbia l'impressione che vi regni una gran confusione, ma certamente è una confusione ordinata se è capace di far venire fuori da tutto questo apparente disordine un pensiero intelligente. E questo è uno dei misteri più grandi dell'universo». (Maira, p. 41)

capitolo 6

FUNZIONI DELLE SOSTANZE CHIMICHE NELLE SINAPSI CEREBRALI
ESEMPLICAZIONE DEL CIRCUITO DELLA PAURA

Tutte le funzioni del nostro cervello sono possibili perché i miliardi di sinapsi "regolano e controllano la nostra vita emotiva e i nostri pensieri" così come ogni altra attività.

Con il pensiero e ogni attività psico-fisica si creano continuamente connessioni sinaptiche che tuttavia possono essere demolite: questo ci dice che il cervello è modificabile dunque plasmabile in base alle attività che esplica.

L'attività dei neuroni modifica continuamente la rete sinaptica.

"Ogni volta che ascoltiamo qualcosa che ci interessa o parliamo con gli amici, o leggiamo qualche pagina di un libro, qualcosa si muove tra i nostri circuiti neurali. L'attività mentale, le esperienze, le informazioni che provengono dai sensi dopo essere codificate nel linguaggio elettrochimico da parte dei neuroni vengono portate a destinazione trasformandosi in connessioni sinaptiche".

Queste connessioni veicolano le informazioni grazie a quel meccanismo secondo il quale ogni impulso elettrico giunto alla connessione sinaptica viene convertito in un segnale chimico che dopo essere stato catturato dai recettori dell'altro assone ritorna impulso elettrico e così via. I segnali chimici che trasferiscono l'informazione da un assone all'altro sono i neurotrasmettitori. Ogni determinato circuito ha il suo peculiare neurotrasmettitore che veicola l'informazione alle cellule prestabilite per svolgere determinate funzioni. Gli scienziati del cervello hanno tentato di fare il censimento di questi mediatori chimici o neurotrasmettitori che agiscono nel microscopico interstizio tra un assone e l'altro cioè nelle sinapsi.

«I neurotrasmettitori presenti nel nostro sistema nervoso sono tanti, ognuno collegato a circuiti neurali o ad aree con differenti funzioni. Ne sono stati scoperti finora più di un centinaio. Ne segnalo solo alcuni: la dopamina agisce nella regolazione del movimento e nei meccanismi del piacere; la adrenalina (o epinefrina) svolge un'azione eccitatoria con effetti sul risveglio e sull'attenzione; la serotonina è importante per la regolazione dell'umore, dell'impulsività e dei meccanismi del sonno; la acetilcolina il neurotrasmettitore più abbondante nel cervello, è mediatore di vie nervose implicate nella trasmissione di segnali motori verso i muscoli scheletrici e nell'attivazione cerebrale e agisce su movimento, memoria, motivazione e sonno; le endorfine utili per la sopportazione del dolore, vengono rilasciate durante un esercizio fisico, un'attività sessuale, o quando si prova dolore; l'ossitocina oltre ad avere un ruolo importante nel momento del travaglio e dello allattamento è considerato l'ormone della fedeltà e dell'amore, importante per la costruzione dei legami sentimentali e tanti altri». (Maira, pp. 42-43)

La modificabilità delle connessioni sinaptiche ci consente di capire meglio i processi di apprendimento e anche la caduta di alcune conoscenze già acquisite e successivamente perse nell'oblio.

Scrive Maira: «Se una connessione diventa debole, si deteriora, svanisce trascina nel nulla l'informazione che veicolava, se diventa più forte riesce a far germogliare nuove connessioni e a rendere quella informazione più vivida e duratura». Si ribadisce ancora una volta che il punto nodale dell'apprendimento è proprio la capacità di ogni individuo di rendere forte la connessione sinaptica. Come si approfondirà in seguito uno dei fattori che deciderà la durata della informazione è la motivazione dello individuo ad apprendere, connessa questa ad altri fattori quali la coloritura emotiva delle informazioni, l'intensità del bisogno provato dello individuo, i contesti relazionali, la continua esercitazione, lo sforzo di cercare collegamenti cioè rapporti con altre esperienze. Questo lavoro mentale darà maggior vigore alla conservazione della informazione e dunque renderà più stabili le connessioni sinaptiche.

La considerazione di Maira è la seguente: «Nulla è statico nella nostra testa e quindi il talento, la capacità cognitiva, di ognuno di noi può cambiare con l'esperienza e l'impegno, chiunque può sempre raggiungere nuovi traguardi». (Maira, p. 44)

È innegabile che ognuno di noi ha capacità cognitive non identiche, talenti diversi, cellule neuronali con potenziali diversi; ma ognuno di noi ha cellule neuronali capaci di far raggiungere traguardi lusinghieri per tutti grazie all'impegno, all'esperienza, ai fattori ambientali, agli stimoli culturali, alle opportunità e gratificazioni.

Queste Conoscenze scientifiche declinate sul piano pedagogico esigono con forza l'intervento delle istituzioni educative per garantire la maggiore offerta di opportunità educative per ogni individuo e d'altra parte ci suggeriscono che non è lecito né utile esigere da tutti gli individui lo stesso livello di prestazioni e risultati apprenditivi.

Per quanto riguarda il fenomeno del decadimento del tempo di durata delle informazioni nella Coscienza scrive Maira a proposito di questo fenomeno di potatura chiamato "pruning": «Le sinapsi vanno incontro a cambiamenti continui nel corso di una stessa giornata. Durante il sonno per esempio il cervello compie un importante operazione: taglia una buona parte dei nuovi collegamenti che si sono creati durante il giorno in conseguenza degli stimoli ricevuti e cancella gli apprendimenti che vi sono legati. Ogni notte le migliaia di miliardi della nostra corteccia si assottiglia di circa il 20% [...]. Così invece la mattina dopo rimosso quello che è stato ritenuto meno importante, si è pronti a fare tesoro di nuove esperienze e a imparare tante cose nuove». (Maira, p. 44)

Le connessioni sinaptiche (e dunque gli apprendimenti) sopravvivono se i dati dell'apprendimento hanno una forte carica di attenzione e di importanza e rispondono alle reali necessità dell'individuo. Curiosità, forte motivazione, coloritura emotiva, bisogni dal mondo biologico e relazionale di ogni individuo, valori sociali, ricerca di affetti eccetera sono alcune condizioni perché le informazioni entrino nella memoria a lungo termine e dunque impediscano alle connessioni sinaptiche di essere potate subendo il "pruning".

capitolo 7

GENOMA E CONNETTOMA

Il cervello è in definitiva in continua trasformazione: questa particolare plasticità è il frutto sia della formazione continua di connessioni sinaptiche sia del fenomeno della potatura, il "pruning".

I protagonisti di questa dualità di azione sono il fattore ereditario dato dal genoma ereditario, e il fattore ambientale con la molteplicità delle azioni, influenze, condizionamenti, esperienze, tipo di relazioni, attività mentali eccetera.

L'apprendimento è il risultato di tutto questo complesso di fattori interni ed esterni al soggetto; ereditari e ambientali: «Sono le esperienze della vita che plasmeranno i più piccoli dettagli del nostro cervello e poiché esse sono uniche, uniche saranno le nostre reti neurali [...]. A differenza del genoma cioè dell'insieme dei nostri geni che è fisso fin dal momento del concepimento, il connettoma cioè l'insieme di tutte le innumerevoli connessioni neurali del cervello cambia lungo tutta la vita perché i neuroni aggiustano o rimodellano le loro connessioni rafforzandole o indebolendole creando o eliminando sinapsi, facendo crescere o ritrarre filamenti. In questo modo, l'esperienza del mondo, la cultura che ognuno di noi accumula contribuiscono a plasmare le reti neurali, ed è questo che fa di ogni cervello un'entità unica, differente da qualunque altro» (Maira).

Evitando di cadere nella tentazione di una interpretazione materialistica e meccanicistica di questo fenomeno potremmo condividere l'affermazione del neurologo Sebastian Seung che cioè "noi siamo molto più che i nostri geni, noi siamo L'attività dei nostri neuroni" cioè il Conettoma che si forma grazie agli stimoli dell'ambiente. Queste informazioni, come si comprende, hanno una grande rilevanza e utilità per il discorso pedagogico ai fini di una facilitazione dei processi di apprendimento.

Altri studi e scoperte sul cervello ci danno ulteriori elementi di riflessione per migliorare comprendere le problematiche dell'educazione riguardanti l'educazione del Carattere e la maturazione della socialità. La scoperta delle cellule neurali chiamate neuroni-specchio è stata fatta dallo studioso italiano Giacomo Rizzolati ed è ritenuta importante quanto la scoperta del DNA.

capitolo 8

APPRENDIMENTO PER IMITAZIONE

Grazie al funzionamento di questi neuroni specchio l'individuo riesce a replicare dentro di sé i comportamenti e a provare le stesse emozioni degli altri.

«Con questa scoperta» dice Maira «gli scienziati capirono che la visione dell'agire altrui non provoca semplicemente e passivamente una ricostruzione pittorica di quell'azione da parte del cervello dell'osservatore; vedere un'azione significa anche simulare nel proprio sistema motorio ripeterla nel proprio cervello». (Maira, p.52)

Questa scoperta ci dimostra quanto sia importante quel processo di apprendimento attivato dalla imitazione.

Ci invita a riflettere sulle conseguenze educative di esperienze visive o uditive fatte dal giovane totalmente immerso in ambienti culturali non solo reali ma anche virtuali e mass-mediali.

La modalità di apprendimento per imitazione grazie ai neuroni-specchio è fonte a-critica di assimilazione di schemi di comportamento, di valori, di condotte, forme verbali e sentimenti ai quali non sempre i giovani hanno avuto l'opportunità di opporre filtri critici rimanendo perciò condizionati passivamente, subendo senza volerlo scelte valoriali di altri.

Valga l'esempio banale della pubblicità che condiziona le scelte di acquisto del consumatore.

Approfondiamo il discorso. Scrive Maira: «Si scoprì che questo meccanismo specchio si attiva non solo per l'osservazione di un movimento ma anche davanti a emozioni e sensazioni provate dall'altro indipendentemente dalla loro natura reale o fittizia. Ciò vuol dire che quando noi osserviamo nella vita reale o nella finzione di un film o di un'opera teatrale qualcuno che si emoziona, piange o è felice, attiviamo una parte degli stessi circuiti neurali che lui sta attivando per provare quelle stesse emozioni e sensazioni. In pratica viviamo quelle emozioni come se le provassimo noi stessi attivando circuiti cerebrali in parte identici». (Maira, p. 53)

La scoperta è di importanza eccezionale per comprendere la vita di relazione, i comportamenti individuali e sociali ma è utilissima per la riflessione pedagogica e comprendere i condizionamenti o le modalità di intervento preventivo e aiutare i giovani a strutturare meglio la propria personalità utilizzando o evitando esperienze sociali e culturali utili o dannose per la loro formazione educativa.

PROCEDIAMO CON ORDINE:
I NEURONI-SPECCHIO

Per quanto riguarda la quotidianità della vita relazionale i neuroni-specchio spiegano l'origine del sentimento di simpatia o antipatia che si prova nei normali rapporti tra persone. I neuroni-specchio ci consentono di guardare negli occhi degli altri e interpretare i significati dei loro comportamenti grazie alla nostra facoltà di empatia: questa capacità di provare le stesse emozioni e sentimenti degli altri è alla base della socialità e siamo dunque capaci di entrare nel mondo emotivo degli altri dando inizio a quel legame che ci permette di amare o respingere, provare pietà o repulsione.

Entrando nelle riflessioni etico-morali potremmo anche dire che certi sentimenti universali quali non uccidere o essere misericordiosi base dell'eticità e del diritto traggono la loro legittimazione proprio da questa struttura neurologica dei neuroni-specchio.

Il sentimento empatico che lega gli uomini è proprio la Pietas.

È doveroso condurre il discorso anche sul piano pedagogico per valutare meglio le conseguenze e le distorsioni del carattere e del comportamento dei ragazzi per le lunghe immersioni negli ambienti virtuali di internet e dei suoi giochi non certo distensivi ed edificanti.

È bene riflettere sul fatto che non tutti i giovani hanno filtri di razionalità o riflessioni etiche che impediscono a certi esempi e disvalori di trasgressività e di violenza di entrare nel tessuto valoriale dei giovani desiderosi di trovare schemi, modelli, esempi ai quali riferirsi per le condotte quotidiane.

Scrive Maira: «Sappiamo che sullo schermo è tutto finto

eppure ci commuoviamo, ridiamo, piangiamo, proviamo paura, le stesse emozioni del mondo reale. Adesso, grazie alla scoperta dei neuroni-specchio riusciamo a capire quali sono le ragioni della nostra partecipazione così forte a delle storie che viviamo come reali pur sapendo che ciò che avviene davanti ai nostri occhi è fittizio». (Maira, p. 53)

L'esistenza di questa particolare struttura di neuroni-specchio offre la risposta a problemi che le neuroscienze indicano "come teoria della mente" ossia la facoltà che gli esseri umani hanno di interpretare le intenzioni degli altri, imitare i comportamenti, apprendere imitando, apprendere il linguaggio.

L'esistenza di questa struttura e purtroppo un eventuale patologia della stessa ci suggeriscono una qualche risposta al problema dell'autismo in presenza del quale il bambino è chiuso nel suo stesso mondo e prova difficoltà a entrare in relazione con gli altri: non sviluppa dunque il sentimento empatico ed è incapace di leggere le intenzioni degli altri o di provare quei sentimenti utili per la partecipazione agli impegni sociali.

«L'uomo differisce dagli altri vertebrati perché, a un certo punto, ha imparato a imparare». Chiarisce Maira che «l'imitazione insieme al linguaggio è una condizione indispensabile per l'apprendimento e per il progresso; senza di essa la creatività serve a poco». (Maira, p. 55)

La presenza dei neuroni-specchio non solo ha permesso lo sviluppo dell'emotività e dell'empatia ma anche quello del pensiero e della creatività e quindi della cultura. «Senza questa struttura neuronale non saremmo stati capaci di trasferire conoscenze e far capire quella intelligenza collettiva che è la cultura attraverso cui si tramanda il sapere, né avremmo potuto rinsaldare i legami necessari a mantenere saldo il gruppo sociale». (Maira, p. 56)

capitolo 9

LA FORMAZIONE DEL LINGUAGGIO

TEORIA MECCANICISTICA BIOLOGICA E TEORIA FILOSOFICA SPIRITUALISTICA

I neuroni-specchio ci permettono di imitare e di entrare nel mondo emozionale degli altri replicando nel nostro mondo cerebrale atteggiamenti, suoni, emozioni del mondo esterno ma poi elaboriamo le esperienze altrui che diventano nostre; utilizziamo segni e simboli per comunicare ed esprimere noi stessi: i nostri pensieri e sentimenti, usiamo il linguaggio e non solo quello verbale ma anche iconico, gestuale, pratico eccetera.

Questa attività che si svolge su due piani sia quello della decodificazione dei segni esterni sia della codificazione con i nostri simboli, coinvolge la parte più nobile e recente del nostro cervello cioè i lobi prefrontali.

Questa operazione più complessa della produzione del linguaggio è possibile quando i neuroni della neocorteccia saranno più sviluppati.

«Esiste una vera gerarchia» scrive Maira «nella maturazione delle diverse aree. Vista e udito si sviluppano nei primi mesi dopo la nascita, le aree del linguaggio raggiungono la loro capacità di funzionare dopo circa 7 mesi; le funzioni cognitive più complesse cominciano a essere costruite solo dopo i 2 anni. La parte del cervello che fa di noi quel che siamo, i lobi prefrontali, è l'ultima a maturare e quindi più di qualunque altra risente delle cose che la vita e l'ambiente ci mette davanti e che, con la percezione e la neuroplasticità modificano la struttura del cervello e quindi la nostra mente e la nostra psicologia». (Maira, p. 61)

La descrizione scientifica della nascita del linguaggio ci spingerebbe a una interpretazione meccanicistica e biologica del fenomeno come prodotto materiale di natura biologica di un organo del corpo umano.

L'ulteriore descrizione dell'attività cerebrale per la funzione di connessioni sinaptiche effettuate dai neuroni con la materiale produzione di sinapsi darebbe maggiore robustezza alla teoria della produzione materialistica e biologica sia del linguaggio che delle altre manifestazioni spirituali della cosiddetta Coscienza.

Nelle connessioni sinaptiche Infatti circolano le informazioni, i sentimenti gli stati d'animo le conoscenze e ogni altro prodotto ritenuto immateriale.

Saremmo dunque il risultato dell'attività endogena di carattere genetico e dell'attività plasmatrice esogena effettuata dall'ambiente? La personalità sarebbe proprio il prodotto di questo continuo interscambio tra l'ambiente e il patrimonio genetico ereditario?

Domanda: Cosa sarebbero la libertà e la Coscienza individuale?

È un fatto comunque che l'ambiente e le atmosfere emotive

attivate nelle diverse situazioni sociali favoriscono oppure ostacolano la costruzione materiale delle sinapsi e dunque la maturazione o meno della personalità.

Scrive il dottor Maira: «Molti dati sperimentali evidenziano il ruolo fondamentale di un ambiente amorevole ed educativo nello sviluppo del cervello infantile. È la dimostrazione della grande importanza esercitata dalla ambiente che ci circonda e ci plasma in ciò che diventeremo». (Maira, p. 60)

L'interazione tra Spirito e materia è dimostrata scientificamente.

Un comportamento affettivo positivo provoca materialmente l'accrescimento del volume e della massa sinaptica e dunque del cervello! È decisamente interessante poter approfondire l'argomento relativo alla influenza dell'attività emotiva e anche razionale sulla modificazione materiale della fisiologia e anatomia della massa cerebrale.

capitolo 10

INTERAZIONE EMOTIVITÀ CIRCUITI CEREBRALI

A puro titolo di curiosità e di sollecitazione a studi successivi si riportano passi tratti dalle ricerche del professor Daniel Goleman a proposito dei circuiti neurali della paura.

«Nei tempi odierni le paure ingiustificate sono la rovina della vita quotidiana e ci procurano sofferenze dovute a una grande varietà di preoccupazioni, all'angoscia e in casi patologici, agli attacchi di panico, alle fobie o al disturbo ossessivo compulsivo.

Immaginate di essere soli a casa di notte e di stare leggendo un libro, quando all'improvviso sentite un rumore in un'altra stanza.

Ciò che accade nel nostro cervello nei momenti successivi ci fa capire come funzionano i circuiti neurali della paura e quale sia il ruolo dell'amigdala come sistema d'allarme.

Il primo circuito cerebrale coinvolto si limita a ricevere il suono nella sua natura fisica ondulatoria e la trasforma nel linguaggio del cervello per mettervi in allarme. Questo circuito va dall'orecchio al tronco encefalico e poi al talamo. Di lì si dipartono due vie nervose: una diramazione più piccola conduce alla amigdala e al vicino ippocampo; l'altra, più grande porta alla corteccia uditiva nel lobo temporale, dove i suoni vengono classificati e compresi.

L'ippocampo, un magazzino fondamentale per la memoria, rapidamente raffronta quel rumore ad altri suoni simili già uditi in passato per capire se è un suono sconosciuto: è un rumore che voi immediatamente riconoscete? Nel frattempo la corteccia uditiva sta svolgendo un'analisi più sofisticata del suono per cercare di comprenderne la fonte: forse il gatto? Una persiana che il vento manda a sbattere contro la finestra? Un ladro? La corteccia uditiva formula un messaggio - potrebbe essere il gatto che ha fatto cadere una lampada dal tavolo, ma potrebbe essere anche un ladro - e lo invia alla amigdala e all'ippocampo che rapidamente lo paragonano a ricordi simili. Se la conclusione è rassicurante (è soltanto la persiana che sbatte a ogni raffica di vento) allora l'allarme generale non si innalza a un livello più alto. Ma se siete ancora incerti, un altro circuito fra l'amigdala, l'ippocampo e la corteccia prefrontale, accresce ulteriormente l'incertezza e fissa la vostra attenzione inducendovi a cercare di identificare la fonte del suono con sempre maggiore preoccupazione. Se da questa ulteriore analisi non si ricava una risposta soddisfacente, l'amigdala fa scattare un allarme e la sua area centrale attiva l'ipotalamo, il tronco encefalico, il sistema neurovegetativo.

La meravigliosa architettura dell'amigdala come sistema d'allarme centralizzato del cervello si rende evidente in questo momento di apprensione e di ansia subliminale. Nell'amigdala ogni fascio di neuroni ha diramazioni particolari con recettori predisposti per differenti neurotrasmettitori [...]».

RICEZIONE DEI SEGNALI VERSO L'AMIGDALA

Diverse parti della amigdala ricevono informazioni differenziate. Al nucleo laterale dell'amigdala pervengono diramazioni del Talamo e dalle Cortecce uditiva e visiva.

Talamo – Amigdala e Corteccia uditiva visiva – Amigdala

Gli odori, attraverso il bulbo olfattivo, arrivano nell'area corticomediale dell'amigdala, mentre i sapori e i segnali viscerali finiscono nell'area centrale.

Questi segnali in arrivo fanno sì che l'amigdala sia come una sentinella sempre allerta che analizza ogni esperienza sensoriale.

RISPOSTA DELL'AMIGDALA PER L'ANSIA INCOSCIA

Dall'amigdala si dipartono diramazioni verso ogni area principale del cervello.

Dalle aree centrale e mediale dell'amigdala un fascio va verso le aree dell'ipotalamo che secernono l'ormone corticotropo (CRH) la sostanza con la quale l'organismo reagisce alle emergenze attivando la reazione di combattimento o fuga attraverso una serie di altri ormoni.

L'area basale dell'amigdala invia diramazioni al corpo striato, collegandosi così al sistema cerebrale che regola il movimento.

E mediante il vicino nucleo centrale l'amigdala invia segnali al sistema neurovegetativo attraverso il midollo spinale attivando una vasta serie di reazioni al largo raggio che riguardano il sistema cardiovascolare, i muscoli e l'intestino.

Dall'area basolaterale dell'amigdala si diramano fasci nervosi verso la corteccia del cingolo e verso le fibre conosciute come "il guscio centrale", struttura che regola la muscolatura scheletrica [...] negli uomini questi circuiti tendono i muscoli delle corde vocali e creano il tono alto di voce emessa quando si ha paura.

Un'altra via che si diparte dall'amigdala conduce al Locus ceruleus, nel tronco cerebrale che a sua volta produce la noradrenalina e la diffonde nel cervello.

L'effetto della noradrenalina è di aumentare la reattività complessiva delle aree cerebrali che la ricevono, rendendo più sensibili i circuiti sensoriali. La noradrenalina soffonde la corteccia, il tronco encefalico e lo stesso sistema limbico, in sostanza mette in tensione il cervello. Ora perfino uno scricchiolio consueto in casa può farvi provare un fremito di paura. Questi mutamenti in gran parte sfuggono alla consapevolezza, così che voi non siete ancora coscienti di aver paura.

RISPOSTA DELL'AMIGDALA
IN SITUAZIONE DI PAURA

Ma appena cominciate davvero a provare paura-cioè quando l'ansia che è rimasta inconscia penetra nella Coscienza- l'amigdala ordina all'istante una reazione di vasta portata.

Essa segnala alle cellule del tronco encefalico di far assumere ai muscoli del viso una espressione di paura, di rendervi nervosi e allarmati, di bloccare i movimenti già in corso non legati alle reazioni, di accelerare il battito cardiaco e alzare la pressione sanguigna e rallentare la respirazione [...]. Questa è solo parte di una serie di cambiamenti, ampia e ben ordinata che l'amigdala e le aree a essa collegate organizzano durante quelli che abbiamo definito "sequestri" neurali.

Nel frattempo l'amigdala, insieme all'ippocampo a essa collegato, ordina alle cellule (che inviano i neurotrasmettitori) di provocare scariche di dopamina che vi inducono a concentrare l'attenzione sulla fonte della paura- gli strani rumori che avete udito- e predispongono i muscoli a reagire di conseguenza.

Allo stesso tempo l'amigdala comunica con le aree sensoriali della visione e dell'attenzione facendo in modo che gli occhi cerchino tutto ciò che è rilevante per l'emergenza.

Simultaneamente i sistemi mnemonici corticali vengono organizzati in modo che le conoscenze e i ricordi più pertinenti alla particolare urgenza emozionale possano essere prontamente rievocati, avendo la precedenza su altre linee di pensiero meno pertinenti.

IN PREDA ALLA PAURA

Una volta che questi segnali sono stati inviati voi siete in preda alla paura: diventate consapevoli della caratteristica tensione dello stomaco e dell'intestino, del cuore che batte più in fretta, della tensione dei muscoli del collo e delle spalle e del tremito delle membra; il corpo si immobilizza, mentre voi vi sforzate di udire altri suoni e correte con il pensiero a identificare possibili pericoli in agguato e i modi per reagire.

DURATA DELLA SEQUENZA

L'intera sequenza, dalla sorpresa all'incertezza, all'oppressione, alla paura può verificarsi in un secondo circa.
(Goleman, *Intelligenza Emotiva*, pp. 342-345)

AZIONI E FUNZIONI DELL'AMIGDALA

FUNZIONE DI SENTINELLA

PARTENZA DEL SEGNALE	ZONA DI ARRIVO NELL'AMIGDALA
1) diramazioni dal talamo 2) dalle cortecce uditiva e visiva	Nucleo laterale dell'amigdala
Odori attraverso il bulbo olfattivo	Area cortico-mediale
Sapori e segnali viscerali	Area centrale

RISPOSTE DELL'AMIGDALA

Dall'amigdala si dipartono diramazioni verso ogni area principale del cervello

DA	A
Dalle aree centrale e mediale dell'amigdala all'ipotalamo secrezione CRH	Un fascio va verso le aree dell'ipotalamo che secernono l'ormone CRH (ormone corticotropo) la sostanza con la quale l'organismo reagisce alle emergenze, attivando la reazione di combattimento o fuga attraverso una serie di altri ormoni.
L'area basale dell'amigdala invia diramazioni al Corpo Striato e Sistema cerebrale del movimento	Diramazioni al corpo striato collegandosi al sistema cerebrale che regola il movimento.
Invia segnali con il Nucleo Centrale al Sistema Neurovegetativo attraverso il midollo spinale	Con il vicino nucleo centrale invia segnali al sistema neurovegetativo.

DA	A
Dall'area basolaterale dell'amigdala si diramano	Fasci nervosi verso la corteccia del cingolo e verso le fibre note come il "grigio centrale" struttura che regola la muscolatura scheletrica (negli uomini questi circuiti tendono i muscoli delle corde vocali e creano il tono alto di voce messa quando si ha paura).
Un'altra via che si diparte dall'amigdala va	al Locus Cervleus, nel tronco cerebrale che produce la noradrenalina e lo diffonde nel cervello.

Ancora non c'è consapevolezza di aver paura.

QUANDO SI HA LA COSCIENZA DELLA PAURA L'AMIGDALA COMANDA

Quando si comincia ad aver paura, cioè quando l'ansia (inconscia) penetra nella Coscienza, l'amigdala ordina all'istante una reazione di vasta portata:

1) segnala alle cellule del tronco encefalico di:

- far assumere ai muscoli del viso un'espressione di paura,

renderci nervosi e allarmati

• bloccare i movimenti già in corso non legati alla reazione

• accelerare il battito cardiaco e di alzare la pressione sanguigna

• rallentare la respirazione (questa è una parte dei sequestri neurali)

2) insieme all'ippocampo (collegato alla amigdala) ordina le cellule che inviano i neurotrasmettitori, di provocare scariche, di dopamina che inducono a concentrare l'attenzione sulla fonte della paura e predispongono i muscoli a reagire

3) l'amigdala comunica con le aree sensoriali della visione e dell'attenzione perché gli occhi cerchino ciò che è rilevante per l'emergenza

4) simultaneamente i sistemi mnemonici corticali vengono organizzati in modo che le conoscenze i ricordi più persistenti alla particolare urgenza emozionale possano essere revocati.

SINTOMI DELLA PAURA COSCIENTE:

• tensione dello stomaco e dell'intestino

• il cuore batte in fretta

• tensione dei muscoli del collo e delle spalle

• tremito delle membra

• il corpo si immobilizza, si cerca di udire altri suoni e con il pensiero si corre a identificare possibili pericoli in agguato e i modi per reagire.

La durata della sequenza (sorpresa, incertezza, apprensione alla paura) è circa un secondo.

capitolo 11

IL LINGUAGGIO RAPPORTO SOMA-PSICHE
INTUIZIONI FILOSOFICHE E RICERCA SCIENTIFICA

«Il neonato viene al mondo con un cervello quasi privo di rilevanze e avvallamenti inizialmente entra in relazione con il mondo attraverso il cervello emozionale [spinto da impulsi che traggono la matrice nello schema genetico primario per la sopravvivenza del nuovo nato; suzione, motricità, pianto, sorriso eccetera]. A mano a mano che impara e sviluppa nuove abilità compaiono centinaia di miliardi di sinapsi e connessioni nervose che porteranno il volume del cervello adulto alla complessa rugosità e i solchi. Solo intorno ai vent'anni anche il suo cervello razionale sarà pienamente maturo». (Maira, p. 61)

Le connessioni sinaptiche sono costruzioni materiali dei neuroni che vengono sollecitati dall'ambiente e dalle attività del soggetto. Ogni connessione sinaptica è un apprendimento.

«Quando parliamo con nostro figlio, quando lo baciamo, o semplicemente quando lui ci osserva, il suo cervello crea connessioni che saranno importanti per la sua vita da adulto». (Maira, p. 61)

In conclusione, ogni volta che il bambino imparerà qualcosa il suo cervello svilupperà nuove connessioni.

In questa intricata e mutevole rete di connessioni sinaptiche (connettoma) si conservano gli apprendimenti. Potremmo dire che le connessioni sinaptiche sono la risultanza dell'incontro della mente con la materia.

Sì affronterà in seguito il complesso e non risolto problema della Coscienza come espressione dello Spirito dello uomo. Si può affermare fin da ora che l'attività cosciente della mente è strettamente legata al funzionamento di quella parte del cervello chiamata lobo prefrontale sede della razionalità e anche del linguaggio quantunque questa funzione altamente sofisticata chiami in causa tante altre aree del cervello quali le aree del Broca e del Werniche e altre.

La produzione del linguaggio si effettua nel corso di una lunga fase di preparazione passando da un linguaggio eminentemente emotivo analogo a quello degli animali per arrivare dopo la lunga preparazione dei circuiti cerebrali al linguaggio simbolico astratto che connota totalmente la natura umana.

EVOLUZIONE DEL LINGUAGGIO UMANO

Qual è l'origine del linguaggio e quali caratteristiche assume nel corso della maturazione della personalità?

Inizialmente il linguaggio del bambino è strettamente legato ai bisogni primari: fame, sete, sonno, dolore eccetera.

È un linguaggio interiezionale per così dire di origine strettamente biologica. Nel corso della maturazione sia biologica che culturale il linguaggio diviene sempre più manifestazione dello Spirito per divenire linguaggio simbolico culturale grazie al quale la realtà fisica e psichica viene codificata con segni convenzionali e quindi manipolata creativamente.

Nella fase strettamente biologica interiezionale il sistema limbico del cervello sotto la spinta dei bisogni Vitali della sopravvivenza, stimola i centri preposti al suono della voce per esprimere i vari stati d'animo con i suoni onomatopeici della paura, del dolore, della fame eccetera.

Scrive il filosofo neokantiano E. Cassirer: «Democrito fu il primo a sostenere la tesi che il linguaggio umano deriva da certi suoni di origine puramente emotiva. Più tardi la stessa tesi fu sostenuta da Epicuro e da Lucrezio in base alla autorità di Democrito e da allora ha continuato a esercitare una influenza sulle varie teorie del linguaggio [...]. Dal punto di vista scientifico è facile capire i grandi vantaggi che presentava la teoria della interiezione [...]. Il linguaggio umano poteva venire riportato a un istinto fondamentale di cui la natura ha dotato tutti gli esseri viventi. Voci provocate dalla paura, dalla rabbia, dal dolore o dalla gioia non sono proprie al solo uomo, ma si ritrovano dappertutto nel mondo animale». (Cassirer, pg. 211)

Se il linguaggio, anche quello maturo, trovasse nella sola biologia e quindi nella produzione di connessioni sinaptiche l'origine e lo sviluppo semantico successivo, si metterebbe in crisi il concetto di Coscienza e di libertà spirituale. Cassirer nota questo pericolo nella seguente frase: «Accettando la teoria di Democrito, dei suoi discepoli e dei suoi seguaci la semantica cessava di essere una provincia a sé, diveniva un ramo della biologia e della fisiologia». (Cassirer, pg. 211)

Questa teoria biologistica porrebbe fine alla discussione filosofica e scientifica sulla Coscienza e sullo Spirito e, ovviamente, sui valori universali come stelle polari e obiettivi cui tendere grazie alla supposta Libertà come connotato dell'essenza dell'uomo.

Anche l'intervento di Darwin darà vigore alla teoria biologica del linguaggio: «Cercando di mostrare che le voci degli atti espressivi sono dettati da certi bisogni biologici e usati secondo precise leggi biologiche [...] il linguaggio umano cessava di essere uno stato entro lo Stato e si presentava ormai come una dote naturale generale» (Cassirer, pg. 212). Sembra ovvio comunque ribadire che se "il linguaggio" rimane all'interno della sua genesi emotiva come linguaggio interiezionale lo dobbiamo intendere come prodotto materiale delle istanze biologiche.

La realtà è che quando esaminiamo la natura e la struttura del linguaggio umano ci rendiamo conto che è avvenuto un salto di qualità sostanziale quando si entra nella sfera del linguaggio proposizionale cioè nel dominio del concetto, dell'astrazione, del Simbolismo, insomma nella semantica della comunicazione astratta o concreta ma comunque simbolica. Scrive Cassirer: «L'analisi di questa struttura ha messo in chiaro la differenza esistente fra il linguaggio emotivo e linguaggio proposizionale. Queste due forme di linguaggio appartengono a piani diversi». Soltanto l'uomo nel regno animale è uscito dal linguaggio emotivo giungendo al linguaggio proposizionale.

«Non esistono prove psicologiche che l'animale abbia oltrepassato la frontiera che separa il linguaggio emotivo da quello proposizionale. Il cosiddetto linguaggio degli animali resta sempre del tutto soggettivo, esprime stati emotivi, non indica o descrive oggetti e azioni». (Cassirer, p. 212)

Secondo le più recenti scoperte nell'ambito degli studi neurologici il passaggio dal mero linguaggio emotivo a quello proposizionale sarebbe stato facilitato dalla presenza di aree cerebrali con neuroni-specchio grazie ai quali «i bambini sviluppano una parte considerevole delle loro abilità intellettuali ed emotive attraverso l'osservazione e l'imitazione. Ogni volta che il neonato vede il padre pronunciare il suo nome, le sue aree di neuroni-specchio cominceranno a imitare le sue labbra e la sua lingua. Ogni comportamento dei suoi genitori al quale assiste, positivo o negativo, verrà ripetuto dal suo cervello come uno specchio che riflette e vede. I neuroni-specchio si esercitano in silenzio a replicare molti comportamenti dei genitori e programmano il cervello dei figli preparandolo a ripeterle in situazioni simili». (Maira, p. 62)

Dal punto di vista filosofico la spiegazione è parziale e necessita di una qualche integrazione concettuale perché le abilità intellettuali ed emotive dell'uomo non sarebbero il risultato passivo di semplice imitazione e rispecchiamento di esperienze esterne ma richiedono altri fattori di origine Spirituale coinvolgenti poteri mentali di libertà, creatività e razionalità e volontà.

La forza di imitazione e rispecchiamento è sicuramente intensa ma non completamente decisiva per i destini futuri della personalità del minore in età evolutiva.

Si potrebbe dire che un altro protagonista è doveroso includere in questa ricerca di comprensione del cambio di natura del linguaggio dalla connotazione di comunicazione interiezionale alla comunicazione proposizionale concettuale grazie alla quale si trasferisce intenzionalmente ad altri un proprio mondo di significati una propria semantica fatta di stati d'animo e di pensiero.

La domanda di fondo che traccia un nuovo itinerario di ricerca e riflessione è quando e a quali condizioni il linguaggio umano dalla sua natura interiezionale e puramente biologica diviene proposizionale.

Scrive Cassirer: «la trasformazione avrebbe avuto luogo quando voci umane che a tutta prima erano semplici grida emozionali o forse motivi musicali, furono usate come nomi. Ciò che da principio era stato un insieme di suoni senza senso, per tal via divenne a un tratto strumento del pensiero». (Cassirer, p. 23)

Quando dunque le semplici grida, le esclamazioni cioè queste scariche involontarie di forti emozioni svolgono una funzione diversa e vengono usate intenzionalmente come simboli portatori di significato?

È comunque provato che per raggiungere questa fase della comunicazione semantica attraverso la simbologia del linguaggio fatto di segni grafici o fonetici occorre giungere alla maturazione di quella parte del cervello, di quelle aree che risiedono nei lobi prefrontali.

Il bambino potrà iniziare a parlare quando inizia a maturare i lobi prefrontali dell'encefalo. «L'emisfero sinistro è sede delle funzioni del linguaggio, contiene quei centri che ci permettono di capire cosa ci viene detto e cosa leggiamo e che ci permettono di esprimerci con la parola e con la scrittura». (Maira, p. 79)

A questo punto prima di addentrarci nella complessa problematica della natura del linguaggio e dell'eventuale rapporto tra Soma e Psiche, tra materiale e immateriale è utile classificare (anche in maniera sommaria) le parti macroscopiche del cervello.

L'encefalo si suddivide in quattro lobi: frontale, parietale, temporale, occipitale. Questi quattro lobi sono divisi tra loro da solchi cerebrali cioè avvallamenti profondi.

Tre lobi hanno la funzione di elaborare i tantissimi segnali sensoriali che ci giungono dal mondo esterno. Il lobo frontale è diviso in due aree con funzioni diverse: «La posteriore in cui ha sede il controllo motorio e l'anteriore detta area prefrontale che è sede delle funzioni cognitive di livello superiore. La parte più nobile di questo lobo è la corteccia prefrontale che è la parte più anteriore deputata alla pianificazione complessa e ai processi decisionali, al pensiero estratto, al giudizio morale e al rispetto delle norme etiche, al controllo degli impulsi, alla memoria e alle interiezioni sociali». (Maira, p. 82)

Tutte queste funzioni attengono proprio a quella parte del cervello che rende l'uomo la creatura più nobile della natura. In questa parte del cervello forse dovremmo cercare il nodo filosofico del rapporto tra la materia e lo Spirito; tra la biologia e la Coscienza, tra l'anima e il corpo.

Si dovrebbe tentare di capire se l'attività della Coscienza e dello Spirito è semplicemente una produzione della materia biologica oppure è manifestazione di una diversa realtà con ciò riproponendo la filosofica distinzione tra la Res Cogitans e la Res Extensa, materia e Spirito, fisicità e realtà metafisica.

Risulta comunque provato che esiste «un 'organizzatore generale al lavoro' il quale in ogni nostro istante di veglia controlla tutti i messaggi che provengono dalle differenti parti del cervello e lavora per un giusto bilanciamento tra l'azione delle aree emozionali e quelle delle aree più razionali in modo che le decisioni che vengono prese risultano equilibrate». (Maira, p. 82)

Proprio nel lobo frontale dovremmo cercare l'area cerebrale che rende possibile la produzione del linguaggio. Questa struttura neuronale è collocata nella parte laterale è inferiore del lobo frontale, dell'emisfero dominante ed è chiamato l'area di Broca. «Quest'area contiene programmi motore che inviano segnali ai vari muscoli della lingua, delle labbra, del palato e della laringe affinché gestiscano la parte espressiva del linguaggio». (Maira, p. 83)

La produzione linguistica dell'area di Broca del lobo prefrontale sarebbe vaniloquio se non si affiancasse l'attività di un'altra area dell'emisfero cerebrale dominante. Quest'area è però collocata nel lobo temporale ed è chiamata area Corticale di Wernike.

Il collegamento con l'area di Broca collocata nel lobo prefrontale è resa possibile dal fascicolo arcuato cioè un fascio di fibre che lega le due aree fondamentali per la produzione del linguaggio. L'area di Wernike che fornisce il significato alle parole prodotte per l'attività della area di Broca. Usando una metafora potremmo dire che l'hardware di questo meraviglioso computer cerebrale per la produzione dei linguaggi razionale e proposizionale è dotato della collaborazione dell'area di Broca con l'area di Wernike; insomma il lobo prefrontale con il lobo parietale della corteccia cerebrale dell'emisfero dominante del cervello umano.

È bene tuttavia ricordare che la produzione linguistica non coinvolge esclusivamente le due aree nominate perché come scrive Maira : «Ogni area del cervello anche se ha una sua funzione specifica è sempre il rapporto con le altre aree vicine e fa capire quanto embricate siano fra loro le diverse funzioni, in particolare quanto complessi siano quei meccanismi che chiamiamo linguaggio [...]. Ciò che ci sembra semplice è sempre la combinazione inconscia di numerose funzioni intrecciate tra loro come scrivere, leggere, capire quello che si legge». (Maira, p. 86)

La produzione del linguaggio richiede che il nostro cervello si colleghi e si coordini con tantissime aree e non solo il binomio area di Broca - area di Wernike.

«Si pensa che almeno sei aree debbano coordinarsi ogni volta che pronunciamo una parola o interpretiamo un testo. Queste strutture localizzate nell'emisfero dominante svolgono compiti molto diversi, come analizzare i suoni, capirne il significato e collegarlo ai nostri ricordi, identificare parole scritte, immagazzinare termini e poi riconoscerli nel nostro magazzino delle parole per costruire frasi dotate di senso, regolare il movimento di labbra, lingua e corde vocali in modo che i suoni emessi creino parole [...]. La parola è solo il pretesto o il nucleo attorno a cui turbina un mondo di associazione, significati e ricordi». (Maira, p. 105)

La consapevolezza della complessità di questo apparato mirabile che ci permette di usare il linguaggio per comunicare pensieri, emozioni, progetti, ricordi e prodotti culturali ci invita a muoverci con prudenza sul piano didattico perché sono differenti le potenzialità funzionali della mente umana nei diversi organismi sia per il diverso patrimonio genetico ereditario sia per le diverse esperienze culturali e ambientali e relazionali che gli studenti hanno l'opportunità di effettuare nel corso della crescita e sviluppo fisico e psicologico e culturale. Queste considerazioni ci suggeriscono didattiche differenziate e offerte formative (non necessariamente omogenee) che tengono conto delle peculiarità attitudinali o delle motivazioni e influenze ambientali, emotive culturali dei diversi studenti. Forse uno degli imperativi della didattica è la valorizzazione delle risorse individuali associate al divieto di effettuare ripetuti e mortificanti confronti tra le varie prestazioni degli studenti.

Ogni insegnante sa che l'itinerario educativo e formativo della personalità non può ignorare l'importanza educativa di due attività quella del leggere e quella dello scrivere che richiedono l'impegno contemporaneo di molte aree del cervello. Così Maira: «Anche quando una parola la leggiamo, attiviamo aree diverse: il suo significato viene immagazzinato o mappato in un settore del cervello, l'aspetto visivo delle lettere in un altro e il loro suono in un altro ancora. Ogni settore fa parte di una rete collegata in modo tale che, quando leggiamo quelle parole possiamo vederla udirne il suono e comprenderla allo stesso tempo e ciò grazie ai milioni di neuroni di ogni settore coinvolto capace di attivarsi simultaneamente a tutti gli altri perché tutto avvenga nello stesso tempo». (Maira, p. 106)

Le due attività del leggere e dello scrivere impegnano e nutrono le aree del cervello e sviluppano le attività creative della mente fornendo significati, esperienze indirette nei campi dell'immagine e in quelli sonori, stimolando l'immaginazione, sollecitando nuovi significati e problemi conoscitivi, offrendo materia prima simbolica per esprimere i mondi emotivi degli studenti in definitiva allargando a dismisura gli orizzonti di interesse e la motivazione per avventurarsi in nuove lande culturali nutrendo lo Spirito.

Lo studente potrà formare la sua personalità ricca di umanità tanto più ampia e profonda quanto maggiore sia stata l'attività culturale della sua intelligenza.

capitolo 12

INTELLIGENZA E CERVELLO: LA FRONTIERA DELLO SPIRITO

Se registriamo l'evoluzione dell'apprendimento del linguaggio possiamo cogliere i diversi stadi di maturazione delle aree del cervello. Come noto il bambino che viene alla luce non parla.

«Il periodo infantile è dominato dalle necessità fisiologiche dell'adattamento all'ambiente esterno [...]. Non si tratta tuttavia di un ambiente puramente fisico ma di un ambiente già socializzato dalle attività umane [...]. In questo primo stadio il bambino non ha Coscienza dell'oggettività dell'ambiente ma egli vi si identifica così come nello stadio prenatale si confondeva con l'organismo materno. Durante tutto il periodo il bambino è interamente dominato da interessi organico-affettivi: intervallo di sonno e di veglia, ritmo di respirazione, ritmo dell'ingestione degli alimenti e dalla eliminazione che denotano uno stadio di iniziale indistinzione fra soggetto e oggetto». (Hubert, p. 115)

Lentamente maturano altri centri neurologici e avverrà progressivamente un cambio di comportamenti e di espressione anche fonetico-verbale passando da fattori sub-corticali (area limbica del cervello) a fattori corticali.

«Sotto l'impulso di interessi biologici la psicologia infantile comincia con l'essere interamente affettiva [...]. Secondo Wallon tutte le emozioni quali piacere, collera, angoscia, paura, timidità possono essere ricondotte al modo con cui la tensione emotiva si forma, si esaurisce e si conserva. L'imitazione stessa che si manifesta nel bambino alla fine di questo periodo, può essere ricondotta all'affettività e sembra procedere originariamente dalla mancanza di discriminazione fra sé e gli altri». (Hubert, p. 116)

Nel primo anno di vita dunque abbiamo un sincretismo totale di identificazione con l'ambiente ma intanto si maturano quei centri cerebrali della corteccia nella fase di vita successiva cioè nella prima infanzia (dal primo al terzo anno) che consentono di costruire il mondo esterno dando il via alla attività cerebrale che permetterà il passaggio da me all'altro da me.

I tratti caratteristici della fase iniziale della vita post-natale sono così descritti da Hubert: «Sincretismo indifferenziato, fusione con l'ambiente fisico e sociale, assorbimento nell'affettività di tutte le forme di vita psichica, assenza del sentimento del me, come del sentimento del non-me e perciò di ogni loro discriminazione». (Hubert, p. 117)

La base scientifica che ci permette di comprendere meglio la condizione psicologica del bambino nella fase del primo anno la indica il professor Maira con gli studi neurologici del cervello: «Un neonato possiede già la quasi totalità dei tanti miliardi di neuroni che avrà da grande. La principale differenza tra il cervello di un bambino e quella di un adulto è che in quest'ultimo i neuroni avranno sviluppato trilioni di connessioni sinaptiche tra loro ognuna delle quali sarà un apprendimento realizzato nel corso della vita». (Maira, p. 61)

In questa fase è necessario e doveroso che l'ambiente, per così dire, agisca più consapevolmente nella dinamica di costruzione delle connessioni sinaptiche nel bambino. Prima ancora che si maturi completamente il lobo prefrontale del cervello sede della intenzionalità razionale e dunque del pensiero logico sarà l'ambiente stesso a favorire la produzione di connessioni sinaptiche nel lobo del cervello.

«Per questo quando parliamo con il nostro figlio, quando lo baciamo, o semplicemente quando lui ci osserva, il suo cervello crea connessioni, importanti per la sua vita da adulto». (Maira, p. 61)

In questo primo anno di età il bambino viene anche preparando il sostrato biologico perché si maturi successivamente la capacità linguistica.

«Vista e udito si sviluppano nei primi mesi dopo la nascita, le aree del linguaggio raggiungono la loro capacità di funzionare dopo circa sette mesi, le funzioni cognitive più complesse cominciano a essere costruite solo dopo i due anni». (Maira, p. 60)

Le modifiche e gli sviluppi della prima infanzia, cioè dal primo al terzo anno di vita sono descritti nel trattato di pedagogia in questi termini: «Nella vita psichica del bambino c'è il passaggio dal sincretismo originario all'egocentrismo. Esso comincia con tre importanti fenomeni: lo svezzamento e le conseguenti modificazioni del regime alimentare; la deambulazione e l'organizzazione di condotte differenziate che permettono l'esplorazione di un universo più vasto; infine la progressiva elaborazione del linguaggio articolato da cui dipendono ormai essenzialmente i rapporti sociali». (Hubert, pp. 117-118)

Le variazioni registrate sul piano descrittivo comportamentale trovano la loro spiegazione nella ricerca neurologica.

Solo dopo i due anni cominciano a maturarsi le strutture complesse del lobo prefrontale deputato all'attività razionale e alle funzioni dell'io cosciente. L'osservazione psicologica e la descrizione della fenomenologia della costruzione del linguaggio le ritroviamo con precisione in questo passo dell'opera di René Hubert scritta negli anni cinquanta: «L'acquisizione del linguaggio rientra dapprima in questo ciclo motorio, ma subito dopo va al di là del livello fisiologico, sia per la sua funzione sociale che per il suo significato psicologico. Presuppone infatti certe condizioni anatomiche e fisiologiche innate ma altresì certe condizioni sociali prestabilite. A essa si accompagnano anche lo svegliarsi di funzioni logiche giacché costruire un oggetto e formare un concetto sono cose analoghe come vuole Delacroix. Dai primitivi suoni inarticolati al primo vocalizzo (linguaggio che il fanciullo foggia da sé con un gioco vocale), al suono-frase (sillaba caratteristica e sintetica quanto il pensiero stesso) e dal suono-frase ai primi vocaboli aventi senso preciso, ai legami instaurati tra le parole o ancora alle parole costruite per analogia con quelle già note e capite, il passaggio è continuo si effettua attraverso un duplice processo di disgregazione analitica dei complessi primitivi e di formazione strutturale di sistemi particolari sempre meglio definiti e stabilizzati. Il linguaggio, indipendentemente dalla funzione sociale o a causa di questa, è il principale fattore di tutto questo lavoro di oggettivazione, di socializzazione, di simbolizzazione che a poco a poco conferisce alla realtà il suo profilo e i suoi limiti. Vi è dunque una stretta connessione fra la funzione di elaborazione della realtà (discriminazione del proprio corpo, rappresentazione degli oggetti) e la funzione elaboratrice del linguaggio». (Hubert, p. 119)

L'opera di progressiva ricostruzione linguistica del reale prosegue nella seconda infanzia nella quale si avvia l'operazione di lenta acquisizione della oggettività senza del tutto staccarsi dal proprio centro emotivo.

Scrive ancora Hubert: «Il fanciullo non confonde più sincreticamente la rappresentazione del reale e di se stesso. Egli acquista il senso della propria personalità e la oppone a quella degli altri sui quali non è più legato da una partecipazione puramente affettiva. Tardivamente e lentamente il fisico e il morale accennano a dissociarsi ma gli interessi del fanciullo restano ancora principalmente orientati verso le persone sicché egli continua a farsi del reale una visione più affettiva che intellettuale e si applica non tanto a penetrare la natura del reale quanto a decifrare il significato e soprattutto le intenzioni nei propri riguardi». (Hubert, p. 120)

È questa la fase della vita in cui è dominante la visione magica del reale e la consapevolezza che la parola ha una funzione magica e agisce sulla realtà piegandola alle esigenze biologiche del bambino.

In questa fase dello sviluppo, come spiega Cassirer, il bambino comincia a usare i suoni verbali intenzionalmente per manifestare i suoi bisogni e richiamare l'attenzione degli altri perché possano soddisfarli: «Le voci provocate dall'imitazione, dal dolore, dalla fame, dall'angoscia o dalla paura rilevabili in tutto il mondo organico qui cominciano ad avere un significato diverso. Non sono più semplici reazioni istintive ma vengono usate in modo consapevole e voluto». (Cassirer, pp. 204-205)

Il bambino si accorge che la sua voce ha il potere di muovere gli altri per soccorrerlo e si convince che tutta la realtà sia mossa da forze occulte che possono incutere paura e piacere a seconda della capacità di usare la parola nel modo giusto.

«Il bambino è alla stessa stregua della mentalità primitiva per la quale il potere sociale della parola [...] diviene una forza materiale e perfino soprannaturale. Il primitivo si sente circondato da pericoli visibili e invisibili di ogni genere [...]. Per lui il mondo non è una cosa morta e muta. Esso ode e comprende. Perciò, se le potenze della natura vengono invocate nel modo giusto, non possono rifiutare il loro aiuto». (Cassirer, p. 205)

Il bambino gioca solo, ha un bisogno irrefrenabile di scoprire l'ambiente fisico e vuole apprendere attraverso il movimento.

«Il linguaggio del fanciullo passa dall'egocentrismo al socio-centrismo (come più tardi dal socio-centrismo al logo-centrismo: monologo semplice, monologhi paralleli, monologhi interferenti, dialogo propriamente detto con repliche reciprocamente adottate». (Hubert, p. 121)

Il fanciullo è dominato appunto dal bisogno di rappresentarsi il mondo come una società animistica, magica dotata di anima abitata da folletti, figure misteriose. C'è la tendenza a identificare il mondo immaginario pieno della sua affettività ed emotività con il mondo reale. In questa fase dell'età evolutiva il linguaggio si caratterizza anche con il progressivo uso delle parole con funzione simbolica cioè quelle parole acquisite per imitazione vengono utilizzate come strumenti e diventano sempre più simboli portatori di significato, assumono cioè una funzione semantica.

Questo diverso uso del linguaggio è favorito ma anche ostacolato dal mondo degli adulti e ovviamente dal grado di maturità delle strutture neurologiche. L'uso nuovo del linguaggio da quello immaginario magico a quello semantico simbolico consente di riorganizzare la percezione dell'ambiente passando dalla fase animistica-affettiva alla fase di oggettivazione realistica. In questo percorso di costruzione intellettuale e di oggettivazione con la sua "fame" di nomi «impara a formarsi i concetti di questi oggetti e a stabilire rapporti con il mondo oggettivo». (Cassirer, p. 236)

La progressiva conquista e scoperta dell'ambiente nella sua oggettività si accentua dopo i sei anni quando il fanciullo non desidera più giocare in solitudine ma ricerca relazioni con i suoi pari. Si sviluppa inoltre il desiderio di maneggiare, smontare e ricostruire le cose.

«Non sarà troppo inesatto dire che gli interessi prevalenti sotto questo aspetto sono interessi tecnico-conoscitivi o ancora socio-concreti e al limite intellettuali-concreti [...]. Con la terza infanzia raggiungiamo il periodo in cui alla psicologia individuale si aggiunge una interpsicologia non meno ricca di insegnamenti». (Hubert, p. 124)

Il fanciullo desidera partecipare ai lavori del gruppo e impara ad accettare le regole poste dalla collettività. «Così si viene dissipando progressivamente la confusione sin allora esistente tra mondo reale e mondo immaginario». (Hubert, p. 124)

L'incontro oggettivo con la realtà mette in discussione l'egocentrismo e apre la strada alla razionalità.

Lo sviluppo della razionalità sicuramente è stimolato dall'azione del gruppo e dai compiti che la scuola affida allo insegnamento. Questo sviluppo è comunque legato alla maturazione delle strutture neurologiche e soprattutto quelle del lobo prefrontale.

Secondo il professor Maira lo sviluppo della intelligenza non è legato solamente a una singola area cerebrale dipende piuttosto dalla interazione e cooperazione di molte regioni del cervello.

Durante tutta la vita il cervello esposto a stimoli aggiorna di continuo le conoscenze, forma nuove vie di comunicazione fra i neuroni rendendoli più efficienti e aumentando la capacità apprenditiva.

La creatività è una caratteristica importante di un cervello ricco di reti neurali. Come è stato già detto è la costruzione delle connessioni sinaptiche, cioè le esperienze di apprendimento che rendono possibile l'ampliamento delle reti neurali. Questa scoperta scientifica offre un suggerimento importante alla riflessione didattica cioè invita gli insegnanti a potenziare le esperienze di apprendimento e le relazioni sociali del fanciullo senza mai dimenticare che i bambini necessitano di godere di ampi spazi di libertà per la loro libera e disinteressata espressività e scoperta ludica dell'ambiente e delle relazioni umane.

«Se il bambino è sempre incollato alla televisione o ha tutto il suo tempo occupato in attività strutturate, per quanto intelligenti esse siano, non consentiranno che la creatività libera e ludica possano esprimersi e arricchirsi. Il bambino che ha tutto, che non ha tempo per annoiarsi difficilmente guiderà liberamente il proprio cervello alla fantasia, all'immaginazione, alla creatività». (Maira, p. 111)

Se intelligenza vuol dire capacità di «affrontare e risolvere con successo situazioni e problemi nuovi o sconosciuti e anche capacità di pensare, comprendere i fatti, giudicare e adattarsi all'ambiente è altrettanto necessario nutrire ed esercitare quelle facoltà quali la curiosità, l'immaginazione e la creatività: facoltà tutte che spingono l'intelligenza ad andare oltre la semplice rappresentazione logica della realtà a immaginare le opere d'arte, di architettura e di ingegneria di tutti i tempi, a compiere scoperte scientifiche che hanno fatto progredire la nostra società, a esplorare la profondità del Cosmo e le infinitamente piccole parti della materia e infine, ad adattarsi nei segreti della nostra mente». (Maira, p. 115)

Potremmo essere orgogliosi di tutte le nostre conoscenze scientifiche tuttavia siamo ancora immersi nel mistero e grandi quesiti si sono aperti partendo proprio dagli studi del cervello. Sì affronteranno in seguito le questioni più complesse del rapporto materia-Spirito; origine e natura della Coscienza; il senso della libertà dell'uomo; le capacità del cervello di rappresentare l'oggettività della realtà; ricerca del Centro che presiede alla vita, la complessità e l'interazione delle reti neuronali, il linguaggio del cervello con l'azione degli ormoni e così via. Per quanto riguarda la natura e l'attivazione della creatività scrive Maira: «Ma quale sia la scintilla che fa sì che in un certo momento, imprevedibilmente milioni di neuroni producano un'idea innovativa, o perché scatti la curiosità e l'anelito verso la novità la scienza ancora non è riuscita a stabilirlo». (Maira, p. 115)

IL LINGUAGGIO COME PONTE FRA IL MONDO BIOLOGICO E IL MONDO DELLO SPIRITO

La capacità linguistica non è solamente lo strumento per entrare in contatto con gli altri ma è anche mezzo per ricostruire la realtà conferendo ad essa un significato mentale senza cogliere la vera essenza delle cose.

Con la funzione semantica del linguaggio il fanciullo si appropria sempre più delle parole e le usa per i suoi scopi comunicativi e conoscitivi analizzando, sintetizzando costruendo forme e realtà nuove. Scrive Hubert: «Così durante tutta l'infanzia si attua il processo di strutturazione della personalità e il suo progressivo adattamento all'ambiente fisico nonché sociale concreto. Dal sincretismo indifferenziato del periodo infantile, al primordiale orientamento della prima infanzia, all'egocentrismo della seconda, alla socializzazione della terza, i contenuti psichici variano, gli interessi si modificano, le strutture si susseguono, ma sono sempre le stesse leggi funzionali ad agire nella ricerca di una forma appropriata al momento della evoluzione mentale». (Hubert, p. 126)

La ricerca delle neuroscienze ci permette di entrare nella dinamica formativa del linguaggio consentendoci di conoscere le strutture cerebrali che lo rendono possibile senza tuttavia dar conto dei processi più sofisticati che spiegherebbero il mondo della semantica e dello Spirito. «Anche il linguaggio» scrive il professor Maira «è un compito incredibilmente complesso si pensa che almeno sei aree debbano coordinarsi ogni volta che pronunciamo una parola o interpretiamo un testo. Queste strutture localizzate nell'emisfero dominante svolgono compiti molto diversi come analizzare i suoni, capirne il significato e collegarlo ai nostri ricordi, identificare parole scritte, immagazzinare termini e poi ricercarli nel nostro magazzino di parole per costruire frasi dotate di senso, regolare il movimento di labbra, lingua e corde vocali in modo che i suoni emessi creino parole». (Maira, p. 105)

In effetti tante aree del cervello si devono collegare coordinare per produrre una sola parola. La struttura encefalica del talamo ad esempio «raccoglie tutti i messaggi sensoriali [...] e li invia alle diverse aree corticali dove vengono depositati in reti neurali; ma vengono coinvolte tante altre strutture anche quelle limbiche per la sfera emotivo-affettiva, o altre aree per le coordinazioni motorie tuttavia i due poli fondamentali per la produzione del linguaggio sono dati dall'area di Broca e dall'area di Wernicke. L'area di

Broca, situata nella parte laterale inferiore del lobo frontale, è ricca di neuroni specchio, quelli che consentono l'intenzionalità, l'empatia, la partecipazione al mondo esterno, la reiterazione mentale di quanto del mondo esterno entra nella sfera della nostra attenzione e interiorità. In questa struttura ci sono i programmi motori che inviano segnali ai vari muscoli della lingua, delle labbra, del parlato e della laringe affinché gestiscano la parte espressiva del linguaggio. Assieme alla corteccia premotoria, l'area di Broca è ricca di neuroni specchio coinvolti nell'interfaccia tra pronuncia e ascolto di suoni e nell'osservazione e di emulazione dei movimenti labiali». (Maira, p. 83)

Non è tuttavia sufficiente l'attività di questa area corticale per produrre parole infatti deve intervenire l'attività dell'area di Wernike collegata con l'area di Broca con fibre del fascicolo arcuato.

Sarà proprio l'aria di Wernike «a fornire loro un significato, le parole sarebbero puro vaniloquio e l'area di Broca, quella dell'espressione verbale, non potrebbe funzionare correttamente». (Maira, p. 85)

IL LINGUAGGIO COSTRUISCE LA REALTÀ
IL MISTERO DELLA SEMANTICA

Il linguaggio è dunque il prodotto di una complessa e coordinata attività del cervello così come la realtà oggettiva è frutto di una costruzione del cervello stesso poiché nel cervello giungono stimoli visivi, uditivi, olfattivi, tattili eccetera i quali vengono codificati nel linguaggio elettrochimico dai recettori del cervello. La questione pone un problema che lascia stupiti gli stessi scienziati: «Ciò che si propaga» scrive Maira «fino al culmine del cervello non è nient'altro che una serie di reazioni elettriche. Ma quando questi segnali raggiungono la corteccia avviene l'ultimo straordinario cambiamento [...]. E ancora oggi nulla può spiegarci perché i colori ci appaiono come ci appaiono, perché il bleu è bleu ed è diverso dal rosso, o perché i colori appaiono diversi dal suono della musica o perché non profumano del profumo di una rosa e sono così diversi dalla sensazione di dolore. Allo stesso modo, l'aria che vibra diventa musica, il linguaggio o rumore, prodotti del cervello. Nel potenziale d'azione (stimolo elettrochimico che corre lungo circuiti neuronali) che attraversa la nostra testa per raggiungere la corteccia non esiste nulla di simile all'emozione di un cielo spolverato di stelle, nella corteccia non cerebrale possiamo trovare la forma di una nuvola. Nulla nella materia, fino a oggi è in grado di spiegare la qualità della mente». (Maira, p. 127)

Quando le diverse strutture del cervello raggiungono un certo grado di maturità il linguaggio non è più interiezionale ma proposizionale grazie al quale esprime pensieri ed emozioni e diviene voce privilegiata della coscienza e della creatività umana.

È il Logos che manifesta se stesso e crea cultura. «Il linguaggio è comunicazione di pensiero e quindi forza plasmatrice delle singole Coscienze. Ma linguaggio non è soltanto la parola parlata. Le opere d'arte, i costumi e le norme della vita sociale, la famiglia lo Stato, le credenze e i riti religiosi parlano anche essi alle coscienze dicendo loro qualcosa di quel che hanno pensato, sentito, voluto altri uomini del passato facendole partecipi di quei valori umani che essi sperimentano in sé. Così si viene formando (attraverso la storia) l'umanità nel senso ideale della parola, cioè come totalità dei valori universali, come il mondo umano o mondo della cultura». (Lamanna, p. 37)

Il linguaggio è il punto di contatto tra il mondo biologico dei circuiti neuronali del cervello e il mondo della coscienza e dello Spirito la cui essenza e natura sfugge alle categorie della Scienza.

capitolo 13

THE HARD PROBLEM

Coscienza, valori, cultura, Spirito sono i termini con i quali si apre l'orizzonte sul misterioso problema dell'essenza metafisica dell'uomo di cui la ricerca scientifica è impotente.

Il mondo esterno è costruzione del cervello: la conoscenza del mondo non è riproduzione come in uno specchio «ma come i meccanismi che (il cervello) ha sviluppato al suo interno sono in grado di farglielo vedere. In forza di ciò il cervello può avere informazioni di ciò che ci circonda in un solo modo, attraverso i nostri organi di senso che agiscono da interfaccia con la realtà esterna e che capitano da varie fonti, una serie eterogenea di stimoli trasformandoli nell'unico linguaggio che il nostro cervello sa decifrare cioè i segnali elettrochimici. E questi, dopo una lunga corsa attraverso la fitta rete di neuroni che sono le principali fonti di segnalazione del cervello, raggiungono aree cerebrali capaci di decriptare quei segnali trasformandoli in suono, immagine, odore eccetera». (Maira, p. 131)

È difficile poter affermare che il mondo esterno come noi lo ricreiamo con il codice degli stimoli elettrochimici del cervello corrisponda alla reale oggettività, tuttavia potremmo usare come analogia la fotocamera digitale che codifica i vari oggetti sensoriali della realtà e li trasmette come noi li percepiamo.

Siamo stupefatti di fronte alla complessità dei meccanismi, ci rendiamo conto delle specializzazioni operative delle varie strutture neurali ma ignoriamo le cause per le quali avvengono certi fenomeni e ci è ignoto il pilota cosciente che controlla, coordina il lavoro così complesso del cervello. Questo pilota consapevole volitivo creativo è proprio l'hard problem di tutta la ricerca neurologica; è proprio la Coscienza la frontiera tra la materia e lo Spirito; il linguaggio è la voce della Coscienza ed è il depositario del patrimonio culturale dell'umanità.

«La Coscienza» scrive Maira «costituisce una delle caratteristiche più peculiari e complesse dell'essere umano. Addentrarsi nei suoi misteri fa un po' paura perché anche se sulla Coscienza sono stati scritti interi libri, poche sono le certezze che abbiamo su cosa sia, perché ci sia, da quale parte del cervello derivi». (Maira, p. 239)

L'antico problema filosofico, sempre attuale, della presenza nell'uomo di due sostanze antitetiche cioè quella materiale e quella spirituale si ripropone oggi anche sul piano scientifico rimanendo comunque problema irrisolto. Come scrive Maira: «Anche se la Coscienza è ben diversa dalla materia, sicuramente della materia ha bisogno». Ritorna ancora l'Antico problema già posto filosoficamente dal matematico Cartesio il quale con intuito filosofico collocava nel cervello, cioè nella ghiandola pituitaria, il contatto tra la Res Cogitans e la Res Extensa analogo problema lo si affronta oggi con ottica scientifica: «Da un lato c'è il cervello, l'oggetto più complesso dell'universo conosciuto, un'entità materiale soggetta alle leggi della fisica; dall'altro il mondo della Consapevolezza, delle immagini e dei suoni della vita, della paura, della rabbia, del desiderio e dell'amore e della noia. Questi due mondi sono in stretta relazione come dimostra drammaticamente un'emorragia che scompaginando la struttura del cervello, all'istante si porta via la nostra mente». (Maira, p. 240)

Il mistero di questa dualità sostanziale è così descritto: «Non vi sono dubbi ormai che la Coscienza dipende dal cervello [...]. Con le tecnologie sempre più sofisticate di cui disponiamo, siamo in grado di penetrare dentro i suoi più nascosti anfratti per scoprire come il cervello è organizzato e come funziona. Possiamo scoprire nel nucleo di ogni più piccola cellula il segreto della vita quel DNA che contiene le-istruzioni per l'uso-necessarie per nascere, crescere, sopravvivere, e al momento opportuno riprodursi. Eppure come da quella macchina [...] possa sprigionarsi l'esperienza soggettiva, il colore del cielo, la serenità di un tramonto, come dall'attivarsi di un pugno di neuroni nasca la conoscenza, sembra davvero un miracolo impenetrabile». (Maira, p. 242)

Per Maira l'area semantica della parola "Coscienza" include i seguenti concetti e facoltà: «la capacità di ognuno di noi di percepire di sperimentare il mondo che ci circonda e di sentircene parte, è la soggettività, il libero arbitrio, il Centro di comando della mente, è l'esigenza profonda di capire noi stessi, è la maturazione della consapevolezza di sé, con l'insieme di tutto il bagaglio di cose accumulate nel tempo diverse dal bambino, all'adolescente, all'uomo adulto. Alla coscienza è legata la visione morale del mondo. La Coscienza è un'attività della mente e implica il pensiero; se non pensi non sei cosciente. Ma ciò non implica che il Pensiero e Coscienza si identifichino perché non sempre il pensiero è cosciente». (Maira, p. 243)

È significativo che la "carta di identità" e le facoltà della Coscienza, tema prettamente filosofico, siano state indicate da uno studioso di scienze esatte. Si potrebbe dedurre che la scienza consegna a filosofi e pedagogisti il compito di ritornare a riflettere sul problema della educazione dello Spirito tenendo presenti tutte le conoscenze più recenti sulla natura e funzioni dei molteplici circuiti neuronali che afferiscono all'unico centro della Coscienza.

Secondo Maira, il percorso educativo dovrebbe condurre alla «consapevolezza di sé come capacità di riflettere sui nostri pensieri, sulla nostra vita passata, sul presente, sul mondo in cui siamo. La Coscienza è il processo di continua formazione di un modello del mondo e di noi stessi nel mondo, al fine di simulare il futuro e realizzare un obiettivo, la capacità di immaginare situazioni che non esistono nel mondo reale e di elaborare un progetto per il futuro che vada oltre i bisogni dettati dall'istinto e dalla sopravvivenza». (Maira, p. 244)

Con questa definizione di Coscienza intesa come Centro consapevole di operatività e di costruzione di sé e del mondo siamo entrati nel discorso dello Spirito che è l'essenza dell'uomo e anche il punto di arrivo del processo educativo. Sembra pleonastico ricordare il monito di quell'Ulisse dantesco che ricorda ai compagni prima di decidere "il folle volo":

"Considerate la vostra semenza:
fatti non foste a viver come bruti,
ma per seguir virtute e canoscenza."
Dante, *Inferno, Canto XXVI*

capitolo 14

SPIRITO E CULTURA

Comprendere l'essenza metafisica dello Spirito umano è forse impossibile ma l'azione dello Spirito attraversa e permea tutti i sentieri del comportamento sia pratico che teorico.

La sua presenza è particolarmente visibile nei prodotti della cultura che si materializzano grazie all'uso di alcuni segni convenzionali ma anche con l'uso simbolico di ogni altro mezzo utilizzato come strumento della comunicazione intellettiva emotiva e della espressione artistica.

Dal nostro punto di vista è più importante e utile esaminare l'attività dello Spirito e i suoi prodotti piuttosto che addentrarci nella definizione con categorie logiche applicate impropriamente a questa realtà incorporea che sfugge all'analisi dell'intelletto e si nasconde in una essenza Noumenica che viene postulata senza essere afferrata dalle categorie dell'intelletto umano.

Il filosofo Eustachio Paolo Lamanna chiarisce che «le funzioni o atteggiamenti della Coscienza sono tre: la funzione conoscitiva, la funzione pratica, la funzione fantastica». (Lamanna, p. 16)

Lo Spirito dell'uomo non è un organismo che automaticamente produce cultura ma è quell'ineffabile "Res Cogitans " che fa sentire la sua voce come "Perpetua insoddisfazione" del presente, come Anelito permanente verso il futuro alla ricerca di perfezione, di bellezza, di pace, di conoscenza con il bisogno di aprirsi con generosità agli altri e anche rivolgersi all'ignoto, alla immensità dei cieli e cercare la vera essenza dell'Umanità e del Creato.

Tutte queste esigenze provengono dallo stesso progetto innato e disegnato nel DNA a dimostrazione che la natura dell'uomo, la sua vera essenza non è frutto del condizionamento dell'ambiente ma rimanda a una Fonte misteriosa, a un Disegnatore che ha impresso il suo timbro di creatore nello Spirito Umano che non è di natura corporea quantunque si esprima con la materialità e di linguaggi concreti della cultura.

L'uomo vive quasi una condizione di schizofrenia tra i bisogni fisiologici materiali (che molto spesso mettono la sordina allo Spirito facendo prevalere l'animalità dell'uomo) e quelli più silenziosi dello Spirito che dovrebbero essere appagati solo con la forte carica volitiva e motivazionale della Coscienza.

Questa natura antitetica e dialettica dell'uomo richiede necessariamente la forza motivazionale della Cultura che si alimentata di Valori: quelli prevalenti nella società e quelli che hanno l'orizzonte universale e celebrano il primato della vita e della solidarietà universale. Dentro questa dialettica si sviluppa la Cultura come prodotto della creatività della coscienza e cioè dello Spirito soggettivo di ogni uomo ma anche di quello oggettivo come patrimonio culturale di una determinata società, e del pensiero e del sentire dell'intera Umanità.

LA VITA DELLO SPIRITO

La speculazione filosofica ci suggerisce di rinunciare a cogliere con le categorie dell'intelletto la natura dello Spirito ma ipotizza la dinamica del suo funzionamento e ci esorta ad agire sul piano educativo per migliorare la formazione dei giovani che dovranno raggiungere l'obiettivo della autodeterminazione della loro personalità.

Il filosofo Lamanna indica le caratteristiche funzionali dello Spirito: «lo Spirito è formazione perenne, sviluppo e come ogni sviluppo implica così fin dall'inizio, certe disposizioni e virtualità che, in questo caso sono principi ideali connaturati alla essenza stessa dello Spirito, modi o leggi di funzionamento del soggetto che non sono il prodotto dell'esperienza bensì il presupposto, l'a-priori che dà, a ogni momento dell'esperienza, il suo valore». (Lamanna, p. 31)

Non conosciamo la natura dello Spirito non cogliamo la sostanzialità di questa Res Cogitans ma siamo certi della modalità del suo funzionamento e del suo divenire attivato da principii a-priori che rendono possibile la costruzione dell'esperienza e dunque consentono la educabilità della persona umana che costruisce la personalità in tanto in quanto mette in essere la dinamica costruttiva dello Spirito costantemente proteso a compiere e realizzare esperienze. Il processo educativo si colloca dunque sul piano del dover-essere, del realizzare le idealità di cui potrebbero nutrirsi le personalità in-fieri uscendo dalla cogenza e spesso schiavitù degli istinti primordiali della sopravvivenza animale.

Le idealità che dovrebbero alimentare lo sforzo costruttivo dello Spirito teso alla edificazione della Cultura riguardano le seguenti aree cioè quella dell'Estetica, quella della Vita pratica, quella della Conoscenza scientifica, quella della Ricerca e dell'ansia metafisica.

«Ogni individuo diventa realtà spirituale in quanto acquista Coscienza di sé, si fa un io e l'io si afferma come libertà da ogni pressione di bisogni o passioni naturali, come emancipazione da ogni necessità meccanica». (La Mamma, p. 31)

Giungere all'autocoscienza e all'autodeterminazione sono la meta dei processi educativi: a questa meta si potrà giungere se il percorso educativo si lascerà illuminare da idealità e valori universali con il nutrimento della Cultura e la disponibilità affettiva ad accogliere il nuovo rispettando la peculiarità della propria origine culturale.

Lo Spirito ha bisogno di continuo alimento culturale per strutturarsi e nello stesso tempo per elaborare un nuovo mondo culturale. La sua attività di autodeterminarsi e di creare nuova cultura ci riconduce alla domanda di sempre: " Che cosa è l'uomo?"

Il filosofo Ernest Cassirer di scuola Kantiana ci offre la seguente risposta: «Se si vuol dare una definizione della natura o essenza dell'uomo una tale definizione deve avere carattere funzionale e non sostanziale. Non si può definire l'uomo riferendosi a qualche principio intrinseco che ne costituisca metafisicamente l'essenza né a qualche facoltà innata o a qualche istinto individuabile mediante l'osservazione empirica. La principale caratteristica dell'uomo, ciò che lo distingue non è la sua natura fisica o metafisica bensì la sua opera. E questa 'Opera' è il sistema delle attività umane a definire e a determinare la sfera della umanità». (Cassirer, *Saggio sull'uomo*, p. 144)

Come si vede si rinuncia a definire la natura fisica o metafisica dell'uomo; si rinuncia a cercare il "Quia" o il " Quid" dell'essere uomo e si concentra tutta l'attenzione della speculazione filosofica nei prodotti culturali dell'uomo. Cassirer dunque introduce il concetto di simbolo inteso come uso di qualunque mezzo materiale o spirituale, verbale, gestuale, iconico, sonoro eccetera usato allo scopo di produrre significati, concetti, emozioni insomma per produrre cultura. Cassirer è per antonomasia il filosofo della Cultura.

Il saggio filosofico sulla cultura prende infatti in esame gli ambienti della comunicazione e dell'espressione emotiva dell'uomo e cioè il linguaggio il mito, la religione, l'arte, le scienze, la storia. Cassirer dunque definisce l'uomo non nella sua essenza ma nella sua capacità di produrre cultura mediante il simbolo; l'uomo è dunque animale simbolico che usa simboli per comunicare significati dopo aver strutturato in organismi e sistemi comunicativi i simboli stessi. Grazie all'azione creatrice dello Spirito umano «l'uomo entra in una nuova dimensione della realtà. Cessa di vivere in una dimensione esclusivamente biologica e per contro si installa in un universo simbolico [...]. Invece di avere a che fare con le cose stesse in un certo senso l'uomo è continuamente a colloquio con sé medesimo. Si è circondato di forme linguistiche, di immagini artistiche, di simboli mitici e di riti religiosi a tal segno da non poter vedere e conoscere più nulla se non per il tramite di questa artificiale mediazione». (Cassirer, *Saggio sull'uomo*, p. 80)

In conclusione la vita dello Spirito si nutre di Cultura e dunque di tutte le forme simboliche già prodotte nel corso della storia dell'umanità ma nello stesso tempo l'uomo continua a produrre cultura con tutti i simboli a disposizione come chiarito dal filosofo Cassirer e continua nella sua perenne azione di mediazione tra sé e l'ambiente fisico, sociale, storico-culturale.

Appare ben chiaro il compito che deve svolgere il sistema educativo nei confronti delle giovani generazioni: favorire per un verso l'apprendimento del patrimonio culturale già depositato nel passato e dall'altro aiutare lo sviluppo delle facoltà di espressione e di comunicazione di ogni giovane perché si continui il processo di mediazione simbolica per nuove creazioni artistiche e conoscenze.

Il grande problema pedagogico è quello di favorire il maturarsi dei processi di sviluppo di ogni personalità sapendo utilizzare le leve di motivazione che permettono a ogni giovane di far crescere le potenzialità offerte dal patrimonio genetico di ognuno utilizzando tutte le opportunità culturali.

Il filosofo della pedagogia René Hubert, nel suo trattato pedagogico di impronta idealistica, afferma che il fine dell'attività didattica è favorire nei giovani la cosiddetta sintesi totale che deve operare la Coscienza, vero attore questa della grande opera di mediazione culturale simbolica tra i giovani e l'ambiente fisico, culturale, sociale.

Di questa sintesi complessiva di cui la Coscienza è protagonista, l'affettività è il vero motore, è il nucleo della motivazione per attivare ogni produzione di forme simboliche.

Nella sintesi totale si colgono tre forme dell'attività della Coscienza in azione cioè:

1) la forma conoscitiva con la quale la Coscienza interpreta la realtà e la possiede

2) la forma pratica con la quale la volontà e l'azione si affermano sia nella vita pratica, sia nella interazione sociale

3) infine la forma affettiva con la quale la Coscienza realizza diversi gradi di appagamento e diviene consapevole di essere in accordo con la realtà totale.

Per quanto riguarda la forma affettiva è bene notare che essa penetra e pervade sia la forma conoscitiva sia quella pratica essendo proprio il motore motivazionale di ogni attività della Coscienza. Potremmo utilizzare la definizione del filosofo René Hubert che parla di sintesi totale in questi termini: «È attitudine a percepire la bellezza ponendosi di fronte all'oggetto; è attitudine a sentire l'amore quando si trovi di fronte al soggetto, è attitudine alla pietà di fronte alla totalità dell'esistenza». (Hubert, p. 383)

I concetti di bellezza, amore, pietà convergono tutti sul concetto di estetica la cui analisi sarà svolta nei passi successivi.

Ritornando al filosofo Hubert possiamo affermare che la sintesi totale, nello sviluppo e maturazione della Coscienza, è l'obiettivo della educazione estetica. Questo primato dell'educazione estetica è ribadito con forza: «osserviamo per prima cosa e una volta per tutte che l'educazione intellettuale da un lato, l'educazione morale dall'altro preparano la sintesi totale ed entrambe contribuiscono alla formazione estetica: l'educazione intellettuale rivelando la intelligibilità del reale e mostrando quale complesso lavoro, quali virtù occorrano perché la Coscienza possa giungere a formarsene una chiara visione; l'educazione morale conducendo l'uomo a concepire quale sia il suo potere di auto creazione, il suo potere di azione e come l'unità della Coscienza che già sfiora l'amore, costituisca il principio di questo duplice potere. Di qui tutta una gamma di sentimenti che si collegano per un verso alla lealtà, per l'altro verso alla generosità e che costituiscono le basi profonde della sintesi ultima». (Hubert, p. 384)

Il filosofo René Hubert sottolinea ripetutamente il concetto

Pedagogico che il punto di arrivo della Educazione dello Spirito è la sintesi totale grazie alla quale l'uomo è capace di conoscere la realtà; è capace di agire in ambito fisico e sociale.

La sintesi totale è possibile con la maturazione dei sentimenti quali la solidarietà, la lealtà, che spingono lo Spirito a interpretare e a porgersi nei confronti della realtà e delle persone con un alto grado di accettazione e di amorevolezza tenendo a freno le incomprensioni, pregiudizi, prevaricazioni.

La vetta più alta di questa maturazione dello Spirito è l'acquisizione della sensibilità estetica Intesa nella sua triplice coniugazione di maturazione artistica, maturazione filetica, maturazione religiosa.

Ci sembra chiaro che l'obiettivo ultimo dell'azione pedagogica sia quella maturazione della sensibilità estetica che comprende i tre ambiti e cioè una educazione al bello, una educazione all'amore verso la realtà e gli esseri umani e infine la maturazione del sentimento di ricerca del significato ultimo del vivere con il perenne anelito al mistero e allo infinito.

Questo tipo di paideia indica il primato nell'educazione dell'affettività che dovrà permeare ogni intervento pedagogico.

In questa sintesi globale l'educazione dell'intelletto con i saperi, l'educazione morale con i valori, l'educazione pratica con le competenze e le abilità operative e ogni altra attività dello Spirito saranno nutrite, motivate, rese più nobili dalla maturazione della Educazione Estetica.

capitolo 15

EDUCAZIONE ESTETICA: UNA NUOVA PAIDEIA

Il primato che si attribuisce all'Educazione Estetica nella sua triplice accezione: Artistica, Filetica, Religiosa non deriva da una scelta filosofica quindi ideologica bensì dalla constatazione, legittimata dalle ricerche neurologiche, che il mondo dello Spirito (in tutte le sue manifestazioni teoretiche, pratiche operative, etico morali, artistico-espressive) è permeato di motivazioni affettive e in definitiva estetiche.

Un grande contributo filosofico per la migliore comprensione del problema ci è stato offerto dal filosofo Von Hildebrand con il suo ricco saggio sull'Estetica.

Il percorso pedagogico per la maturazione dello Spirito nella sua perenne ricerca di identità e di autoaffermazione lo potremmo meglio rappresentare come costante sforzo e itinerario per la conquista della Bellezza la quale, come si chiarirà, dovrà essere esaminata da due versanti: quello della tensione spirituale di conquista, come forza insita in ogni individuo che desidera la perfezione e il godimento estetico e quello della ricerca della Bellezza come entità oggettiva o come dice Von Hildebrand "Inseità".

La "tensione soggettiva" dello Spirito che è presente geneticamente in ogni individuo si manifesta ad esempio come ricerca di armonia, di equilibrio, di misura, di emozioni estetiche musicali, pittoriche, teatrali, gestuali eccetera.

È una aspirazione silenziosa ma persistente che spinge discretamente lo individuo a migliorarsi a sentirsi insoddisfatti o appagati se il nostro agire o il nostro anelito creativo artistico sanno produrre cose belle o rozze, se il nostro comportamento sociale sa conformarsi al bene, se le nostre scelte valoriali si collocano sulla linea naturale della tutela della vita e su orizzonti universali.

Questa tensione soggettiva spirituale ci parla della profondità della Creazione e ci suggerisce di assecondare gli impulsi dell'amore, della solidarietà universale, di perseguire le leggi della razionalità e di aprirci alla relazione umana amorevole e tollerante ma nello stesso tempo ci esorta a cercare il senso ultimo della vita facendoci alzare gli occhi all'immensità del Cielo.

Questa tensione soggettiva e universale la possiamo indicare come perenne aspirazione dell'uomo a cercare dovunque la bellezza.

L'anelito alla bellezza impregna dunque ogni attività dello Spirito nella sua tensione alla conoscenza, alla attività pratica, alla relazione umana, alla ricerca del senso ultimo della vita dell'universo intero.

Il campo semantico del termine bellezza include sia l'aspirazione alla verità, alla perfezione tecnico pratica, alla relazione umana solidale e giusta, alla esplorazione degli infiniti mondi dell'universo, alle contemplazioni estetiche della creazione artistica.

Questa tendenza innata a ricercare in ogni attività umana la Bellezza e a cercarla in ogni aspetto della realtà fisica, umana, nel mondo visibile e udibile e come dice Von Hildebrand nell'*Eticità*, nel lavoro pratico e anche nella sfera metafisica è il risultato di quell'impulso innato di cercare al di fuori di sé ma anche di tentare di realizzare in ogni sfera di attività umana l'armonia, l'ordine, la misura, l'equilibrio, la proporzione tanto da far dire a qualche filosofo che il massimo grado di bellezza lo si trova realizzato nella matematica.

È lecito chiedersi se la Bellezza sia una realtà puramente psicologica oppure abbia una sua Entità oggettiva cioè una sua ontologia. Se fosse solo psicologica si andrebbe a irrobustire la tesi di alcuni filosofi che parlano di "relativismo assiologico" negando dunque il concetto di Bellezza come entità ontologica, universale che si lascia cogliere nella sua "Inseità" come dice Von Hildebrand.

L'analisi estetica di questo filosofo chiarisce che «la bellezza autentica quella che possiede la virtù in sé, il valore autentico, ha la proprietà di 'lasciarsi affezionare' e suscitare nello Spirito umano un atteggiamento contemplativo [...]. Quando la bellezza è autentica è un valore in sé e ci consente di vivere pienamente la esperienza della felicità da essa dispensata alla nostra anima». (Von Hildebrand, p. 62).

Il tema della bellezza come entità ontologica in sé è così delineato: «Ma quanto più significativo è il godimento, quanto più esso significa un matrimonio della persona con l'oggetto, tanto più rimane perfettamente conservata l'inequivoca diversità della bellezza oggettiva di cui qui si gode, da tutto ciò che essa attualizza nella nostra anima: la commozione, la felicità, la gioia, il venire condotti-in-profondo». (Von Hildebrand, p. 63)

È necessario distinguere l'ontologia o l'inseità della Bellezza dagli effetti che provoca nella sensibilità umana ed evitare l'errore di credere che la bellezza sia il risultato dello Spirito umano che la trasformerebbe in unente di Coscienza, un'entità psico-spirituale e sia una parte della mia persona che ha la facoltà di proiettare sull'oggetto la virtù estetica che io possiedo.

Scrive il filosofo: «La bellezza non acquista la sua significatività per la sua capacità di rendere felice l'uomo quando essa lo affeziona. La bellezza dell'oggetto rimane sempre il principium mentre tutto ciò che il suo godimento comporta nella nostra anima è il principiatum. Il tipo particolare di vissuti suscitati nella nostra anima (come commuoversi, elevarsi, felicitarsi) presuppone necessariamente la bellezza dell'oggetto e una chiara apprensione della bellezza una 'Coscienza-di' relativa alla bellezza oggettiva [...]. In conclusione bisogna dare per assodato questo: il relativismo universale dei valori è un puro e semplice pregiudizio». (Von Hildebrand, p. 63)

Dunque la Bellezza è una "datità oggettiva" e viene respinto il relativismo assiologico si richiede però l'intervento necessario dello Spirito perché sia capace di cogliere il valore della bellezza, abbia cioè la capacità di giungere alla "Coscienza-di" quella capacità di lasciarsi affezionare dalla bellezza come capacità di "commuoversi, elevarsi, felicitarsi", lasciandosi cioè inondare dai valori della bellezza che hanno una significatività universale.

EDUCAZIONE COME MATURAZIONE DELLA CAPACITÀ DI APPRENSIONE DELLA BELLEZZA UNIVERSALE

Scoprire la bellezza, nutrirsi della Bellezza, produrre mondi culturali esteticamente gradevoli, conformare le nostre condotte a principi di valore etico che suscitano sentimenti di godimento estetico; esplorare l'universo e ogni volta provare lo stupore delle armonie celesti; emozionarsi e provare la gioia anche estetica dell'infinitamente grande e anche dell'infinitamente piccolo, scoprire i mondi delle particelle subatomiche e cogliere gli stretti legami tra la matematica e la bellezza; entrare nei codici elettrochimici dei circuiti cerebrali e lasciarsi tormentare da domande che stanno sulla frontiera tra la fisica e la metafisica, tra la materia e lo Spirito... tutto questo e altro ci appare come la testimonianza che la razionalità, l'emotività, l'anelito spirituale che ci spinge verso mete ignote sono la dimostrazione che l'universo intero non è Caos ma è bellezza. È bene recuperare una riflessione dello studioso di medicina professor Maira: «Se ci pensiamo, noi siamo circondati dalla bellezza, tutto il nostro mondo è permeato di bellezza e di armonia, basta guardarsi attorno per scoprirlo: negli elementi della natura e nelle opere dell'uomo, dai semplici fiori di campo a un cielo stellato, alle opere dei costruttori e degli artisti di tutti i tempi. La bellezza ha anche una sua valenza morale, perché c'è bellezza tutte le volte in cui facciamo qualcosa che aiuta il prossimo. Possiamo dire che la bellezza fa bene, che bene e bellezza sono in sostanza, legati l'uno all'altra». (Maira, p. 71)

Per riprendere l'analisi dell'Estetica del filosofo Von Hildebrand torniamo a ribadire la natura ontologica della Bellezza come entità valoriale in sé.

La declinazione pedagogica del discorso sull'Estetica ci conduce al dovere e al compito costante di educare i giovani a saper cogliere questa realtà valoriale ampiamente diffusa in tutti gli aspetti della realtà sia fisica che morale, artistica, pratica, spirituale.

Con il linguaggio filosofico possiamo dire che compito degli educatori è suscitare nella Coscienza o nella realtà spirituale dei giovani il desiderio di nutrirsi della bellezza ontologica acquisendo però la capacità di aprirsi al valore della bellezza e maturare "la Coscienza-di," come capacità di ascoltare, di cogliere la bellezza, di lasciarsi affascinare e di apprendere i linguaggi giusti della cultura sia per leggere la bellezza sia per continuare l'opera creativa della bellezza.

Le più recenti ricerche delle neuroscienze hanno scoperto che la bellezza ha un particolare potere di attivazione sulle cellule della corteccia cerebrale. «Anche la bellezza» scrive Maira «ha a che fare con il cervello. Semir Zaki, il fondatore della neuroestetica, ha visto che le equazioni matematiche ritenute belle da una serie di scienziati attivano una parte specifica del cervello emozionale, nota come Field A1 della corteccia orbito-frontale mediale, la stessa che viene accesa dalla grande pittura, dalla grande musica, dalle opere d'arte. E quanto più è bella la formula, più intensamente si attiva questa area». (Maira, p. 71)

La bellezza in-sé ha il potere di "affezionarci " di rapirci, di sedurci fino all'innamoramento perché nel nostro cervello ci sono le condizioni biologiche e funzionali perché la bellezza possa essere afferrata e gustata; la bellezza costituisce uno di quei beni fondamentali che ci possono donare la felicità.

«Da tutti i neuroni, le fibre che li connettono e le sinapsi che con i loro neurotrasmettitori ne permettono il funzionamento, dipende la qualità della vita dell'individuo, quella che ognuno di noi percepisce e che si identifica nella esperienza della bellezza e nei momenti di felicità che la vita ci concede». (Maira, p. 72)

La ricerca neurologica ci consente di comprendere meglio le dinamiche biochimiche che rendono possibile il raggiungimento di una condizione psicologica di benessere per effetto della bellezza ontologica di cui parla il filosofo Von Hildebrand.

«Molte sono le aree cerebrali che possono essere coinvolte nel perseguimento di questo obiettivo, ma voglio segnalare alcune strutture che ritengo essenziali. Si tratta di un neurotrasmettitore la dopamina e di tre aree cerebrali: il sistema limbico, la corteccia prefrontale e un gruppo di neuroni chiamati neuroni specchio». (Maira, p. 72)

La natura ha fornito all'organismo umano due leve fondamentali per assicurare la sopravvivenza dell'individuo e della specie: sono quei circuiti cerebrali che grazie agli impulsi elettro- chimici procurano stati d'animo di piacere o di disgusto e sofferenza. Questi stati d'animo suscitano desideri o rifiuti se non fughe stimolando i centri cerebrali della volontà ad agire sia nel perseguire un obiettivo di gratificazione o evitare l'obiettivo di frustrazione.

Gli stimoli all'azione si manifestano con una diversa intensità e impellenza a seconda dell'obiettivo connesso al progetto di sopravvivenza dell'organismo. Questi stimoli sono la voce, per così dire, dei diversi bisogni quali il bisogno di mangiare e bere, di ripararsi dalle avversità atmosferiche, di avere rapporti affettivi, di affermarsi, di conoscere, di difendersi, di allevare la prole e così via.

Non tutti i bisogni si manifestano con la voce intensa con la quale si esprimono alcuni bisogni fisiologici quali quelli del cibo o la protezione dalle intemperie o la difesa di fronte al pericolo: la voce del piacere e anche quella della frustrazione spingono alla ricerca di quei beni o costringono l'organismo ad allontanarsi dalla fonte della frustrazione.

Ci sono infatti altri bisogni ugualmente di origine genetica che hanno una voce meno robusta ma che deve essere educata anche dalla volontà dell'io per consolidarsi ed esprimersi con compiutezza: sono ad esempio i bisogni della conoscenza, della solidarietà dei valori etici, dei valori dell'equilibrio dell'ordine nella realtà fisica, dei valori estetici e di quelli metafisici.

Questi bisogni-valori di carattere etico, estetico, metafisico richiedono una maggiore attenzione di carattere educativo ma rappresentano i veri tratti distintivi della spiritualità dell'uomo.

L'educazione di questi valori irrobustisce la volontà di quel centro della Coscienza che possiamo chiamare "Io penso e Io voglio" ma tale centro è attivato da quel valore estetico che si chiama amore per la realtà nel suo complesso universale.

L'educazione filetica è al centro della educazione estetica e nutre ogni altra facoltà della Coscienza creativa dell'uomo.

Il discorso sul primato dell'educazione estetica nutrita dalla educazione filetica trova argomenti convincenti nella ricerca delle neuroscienze che danno corpo alle argomentazioni filosofiche.

Si è scoperto infatti che il neurotrasmettitore la dopamina «è il messaggero più importante tra quelli in gioco nei processi emozionali del piacere della ricompensa [...]. Tutte le volte che compiamo un'azione che ci dà piacere, quando ci innamoriamo, quando vinciamo una competizione sportiva, quando leggiamo un libro che ci appassiona, quando qualcosa ci rende felici, quando riusciamo a esprimere la nostra creatività o quando semplicemente vediamo una cosa bella, si attiva un meccanismo che porta la produzione di dopamina e al desiderio di ripetere quell'esperienza che ci ha dato piacere». (Maira, p. 72)

La bellezza è nello stesso tempo strumento e fine per l'educazione estetica e morale. È utile e doveroso perseguire una nuova Paideia per educare lo Spirito e aiutare i giovani a nutrire il loro desiderio estetico ponendolo come guida e moderatore di pulsioni e desideri che spesso si traducono in cariche distruttive quali l'invidia, l'ira, la gelosia, la paura, la competizione il sentimento dell'odio.

Nel cervello c'è la palestra dove si incontrano e si scontrano emozioni e sentimenti antitetici. Il misterioso pilota che detiene il timone che valuta e decide la rotta della vita deve imparare a scegliere la via dello Spirito della creatività che si alimenta dei valori culturali con orizzonte universale e dunque esercitarsi per tutta la vita grazie alla educazione estetica ed etico-morale.

Come ha ben segnalato il professor Maira le sedi o aree del cervello deputate per questa navigazione dello Spirito sono l'amigdala con l'area limbica sede delle emozioni; l'area prefrontale della corteccia per i centri del pensiero e della volontà; e le aree nelle quali ci sono i neuroni-specchio che consentono l'attività mimetica e il sentimento empatico per replicare le emozioni degli altri ed essere in sintonia socializzando. Il rapporto molto spesso dialettico e non sempre sereno tra queste aree del cervello che decidono la rotta per la navigazione della nostra vita e quindi le nostre condotte ora equilibrate e razionali, ora impulsive e disordinate, ora distruttive e irrazionali è così descritto:

La parte del cervello che mette in moto tutto il ventaglio delle emozioni è nella amigdala «da lì partono le sensazioni che proviamo quando ci alteriamo per rabbia, per gelosia, per paura o anche per amore; oppure quando ci divertiamo, ridiamo o piangiamo. L'amigdala è fortemente connessa all'ippocampo. Tutto quello che colpisce emotivamente l'amigdala viene trasmesso con forza all'ippocampo e fissato nelle aree della memoria [...] noi memorizziamo meglio tutto ciò che ci emoziona». (Maira, p. 74)

La zona limbica del cervello e dunque l'amigdala sono la fonte delle emozioni da quelle piacevoli a quelle frustranti, sono la matrice della paura o del piacere, nelle diverse sfumature e gradazioni dell'intensità.

La vita umana comunque non è gestita autonomamente dalle aree libiche del cervello ciò significa che il comportamento umano è controllato e modificabile grazie all'azione di un'altra area del cervello: è questa l'area della corteccia prefrontale sede appunto del pensiero razionale che valuta e seleziona ovviamente sotto gli stimoli dell'emotività ma spesso seguendo principi e valori con cui si è strutturata la concezione del mondo.

Nella corteccia prefrontale avviene appunto il controllo dei comportamenti e dei processi decisionali. Scrive Maira che «la corteccia prefrontale è coinvolta in tutte le operazioni associate all'intelligenza ed è la sede dell'elaborazione della maggior parte del pensiero razionale». (Maira, p. 74)

Il neuropsicologo russo Luria diceva che il primato di questa struttura cerebrale è finalizzato all'obiettivo di far prevalere la ragione sulla irragionevolezza. In effetti uno degli scopi dell'educazione dei giovani è favorire la maturazione della volontà e della ragione illuminata dai valori universali e dunque da una affettività che dia vigore emotivo e motivazione a scelte valoriali etiche ed estetiche.

La mancanza di questa capacità valutativa e di controllo sull'azione da parte della ragione lascia aperta la strada all'irruenza delle pulsioni emotive e dunque alla mutevolezza disorganica dell'agire umano con conseguenze talvolta devastanti. Non bisogna tuttavia dimenticarsi che di sola ragione non si può vivere giacché si spegne la creatività e la motivazione a creare rapporti umani di solidarietà sotto la spinta dell'empatia e dunque dei neuroni-specchio: «Senza la pressione del sistema limbico e dell'emotività, senza la passione insomma, la parte nobile del cervello non avrebbe quelle spinte ad agire e a inventare non avrebbe in sostanza la creatività che ha permesso all'uomo di realizzare tutte le opere che conosciamo». (Maira, p. 75)

capitolo 16

EDUCAZIONE ESTETICA E MATURAZIONE DELLA COSCIENZA

Quale rapporto possiamo cogliere tra la educazione intellettuale, quella etico-morale e l'educazione estetica?

Il filosofo Hubert chiarisce che la vita dello Spirito si alimenta delle diverse facoltà con le quali si esprime e si realizza ma che si condizionano reciprocamente.

L'obiettivo ultimo dell'educazione dello Spirito è la formazione di una personalità che sa valorizzare e attualizzare tutte le potenzialità di cui è fornito conseguendo perciò un certo grado di felicità. Queste facoltà non si esprimono autonomamente ma interagiscono e si condizionano reciprocamente.

L'attività conoscitiva non prescinde dalla vita affettiva e dalla ricerca del piacere estetico; la stessa attività pratica cerca di operare secondo canoni sia estetici che funzionali trovando appagamento e piacere emotivo in una produzione bella e funzionale.

La sintesi ultima di una personalità ben strutturata si realizza in una armoniosa integrazione di tutte le diverse istanze educative dando però il primato alla Educazione Estetica.

C'è una formula del filosofo René Hubert che ben mette in evidenza la caratteristica della sintesi come penetrazione del desiderio di perfezione e di bellezza in ogni realtà: "La Sintesi Totale presenta certi gradi a seconda che vi predomini la rappresentazione dell'oggetto, del soggetto o la rappresentazione del loro accordo. (La sintesi totale è permeata di affettività). Essa è attitudine a percepire la bellezza ponendosi di fronte all'oggetto; è attitudine a sentire l'amore quando si trovi di fronte al soggetto; e attitudine alla Pietà di fronte alla totalità dell'esistenza".

C'è bellezza nell'attività conoscitiva, nella esplorazione della scienza, nel perseguire azioni socialmente utili, nelle educarsi alle virtù; c'è bellezza nell'altruismo, nella generosità; c'è bellezza nel mondo animale, c'è bellezza nell'universo, c'è bellezza intrisa di Pietà nella ricerca del significato di questa vita c'è rapimento estetico quando il desiderio di comprendere viene avvolto dallo stupore e dall'infinitezza del Creato che postula Dio Creatore.

Questi sentimenti e slanci di amore con richieste di conoscenza vanno necessariamente educati sapendo che lo Spirito sarà maggiormente educato e realizzato quanto più l'attività di formazione sarà permeata dal sentimento della Bellezza che si lega indissolubilmente al sentimento di Amore.

È bene comunque chiarire che il sentimento della bellezza non è virtù e appannaggio di poche persone fortunate.

Dire sentimento della bellezza potrebbe significare un particolare contenuto di Coscienza che non ha una sostanzialità ontologica ma che solo alcune persone potrebbero possedere.

In realtà è insito nel patrimonio genetico di tutti l'anelito alla bellezza, all'equilibrio, all'armonia, alla perfezione e quindi tutti hanno la possibilità di provare il sentimento della bellezza ovviamente con gradi di intensità diversificati ma tutti però hanno il dovere di educarsi ad accogliere la bellezza che è nell'universo e assecondare lo slancio più o meno marcato che percepiscono tra i loro bisogni quantunque con voce affievolita a causa del loro patrimonio genetico ma soprattutto per i contesti culturali nei quali si maturano i giovani. L'erudito studio sull'estetica del filosofo Von Hildebrand si soffermerà sulla confutazione della tesi che la bellezza sarebbe un contenuto di Coscienza personale senza possedere una ontologia e un valore in sé e sarebbe un riflesso del sentimento di bellezza provato dagli individui.

La bellezza è non tanto dentro di me, né funzionale alle mie istanze di bello ma essa stessa è realtà a-prescindere dalla capacità di apprensione della Coscienza umana.

La bellezza è un'entità fuori di me che deve essere conquistata da una Coscienza sensibile bene educata all'apprensione e alla contemplazione del bello.

Il discorso pedagogico richiede l'impegno di nutrire i giovani con gli enti portatori di bellezza siano naturali, siano sociali, siano metafisici, siano semplicemente culturali e dunque simbolici secondo l'accezione di Cassirer.

L'attività didattica centrata sul nutrimento e scoperta e anche produzione di bellezza è forse la modalità più efficace per far maturare la Coscienza e alimentare lo Spirito umano cogliendo con ciò la vera essenza e natura dell'uomo.

L'uomo ignora la sua origine, talvolta è tormentato dai tanti bisogni e forse si lascia travolgere anche dai bisogni più immediati e istintivi ma continua da sempre a percepire come richiamo sordo e sotterraneo il desiderio di lanciarsi verso il futuro e migliorarsi e talvolta lasciarsi affascinare dall'attrazione quasi mistica della bellezza.

È efficace l'immagine pirandelliana del suo "Ciaula scopre la luna" con la quale si sottolinea che l'istanza di bellezza prorompe anche nelle condizioni sociali di maggiore degrado.

È auspicabile dunque che avvenga sul piano didattico una maggiore concentrazione di attenzione sulla necessità formativa della bellezza da cogliere in tutto l'universo culturale, naturale e metafisico per dare tutte le opportunità alla maturazione della Coscienza.

Il massimo grado di sviluppo della "consapevolezza di sé" costituisce proprio l'obiettivo ultimo dell'azione educativa.

Il misterioso rapporto Coscienza e Cervello è stato indicato anche in questi termini: «la consapevolezza di sé, la capacità di riflettere sui nostri pensieri, sulla nostra vita passata, sul presente, sul mondo in cui siamo, è forse la forma più alta di Coscienza e coinvolge la memoria e quella parte del cervello deputata alla elaborazione delle esperienze: il cervello della riflessione. La Coscienza è il processo di continua formazione di un modello di mondo e di noi stessi nel mondo al fine di simulare il futuro e realizzare un obiettivo, la capacità di immaginare situazioni che non esistono nel mondo reale e di elaborare un progetto per il futuro che vada oltre i bisogni dettati dall'istinto e dalla sopravvivenza. Come ha suggerito un filosofo, il cervello dell'uomo è una macchina anticipatrice a creare il futuro ed è la sua funzione più importante». (Maira, p. 244)

L'anelito dantesco di virtù e conoscenza è proprio il nocciolo vero del problema della natura antitetica dell'uomo legato alle leggi della biologia e della fisica e nello stesso tempo farfalla angelicata desiderosa di volare nel regno dello Spirito spinta da uno slancio profondo alla ricerca di una verità ignota che prometta felicità e beatitudine Celeste.

Questa maturazione della Coscienza è un imperativo pedagogico che deve impegnare la Comunità Educante perché i giovani si impegnino a elevarsi senza lasciarsi traviare dalle richieste smodate sollecitate dai bisogni più materiali e sappiano ascoltare con maggiore attenzione la voce dello Spirito per educarlo alla contemplazione della bellezza ontologica e la sappiano realizzare grazie alla cultura simbolica in ogni ambito della vita sia quella pratica, sia quella relazionale sociale, sia quella della bellezza metafisica delle virtù etico-morali, o della bellezza della conoscenza scientifica e ovviamente della creazione artistico-letteraria, o nella speculazione dei misteri del senso della vita individuale e cosmica.

COSCIENZA E BELLEZZA: UN PROGRAMMA PER LA NUOVA PAIDEIA

Il vero grande problema irrisolto sia nella speculazione filosofica sia nella ricerca scientifica neurologica è la comprensione del rapporto tra il cervello e la Coscienza che è il rapporto tra la materia e lo Spirito.

Nel saggio sul cervello il professor Maira parte dalle seguenti constatazioni scientifiche di neuroscienza: «lesioni della neocortex possono modificare profondamente il nostro livello di Coscienza»; «anche una grave lesione del tronco cerebrale è in grado di compromettere la Coscienza»; «un altro punto chiave nel divenire della Coscienza sembra essere il sistema talamo-corticale; una lesione del talamo può determinare disturbi della Coscienza. Questo perché il talamo è una struttura fortemente interconnessa con la corteccia alla quale invia segnali sensoriali da tutto il corpo e che interviene nello stato di veglia e di sonno». (Maira ,p. 249)

«Lo sviluppo della corteccia, soprattutto la parte della corteccia prefrontale, ha determinato la comparsa di funzioni che sempre più hanno avuto a che fare con la conoscenza, la consapevolezza, la programmazione [...]. Si sono moltiplicate le connessioni tra le aree e l'uomo ha cominciato a sviluppare un senso morale, a utilizzare le connessioni per sviluppare idee, creatività progetti [...]. È lì che hanno sede le funzioni intellettive superiori come il problem-solving, il ragionamento, la presa di decisioni (p. 249). Un'altra area che recenti studi hanno portato all'attenzione degli studiosi della Coscienza è il Claustrum, una lamina cellulare di forma allungata, fine e irregolare, sulla quale gli scienziati si interrogano da tempo. I claustri si trovano sotto la regione insulare della corteccia e ognuno costituisce una sorta di stazione cui inviano fibre nervose quasi tutte le regioni corticali. I suoi lunghi neuroni si prolungherebbero in entrambi gli emisferi del cervello attraversando diverse regioni». (Maira, p. 250)

Tutte queste scoperte delle neuro-scienze che darebbero argomenti favorevoli alle tesi materialistiche della Coscienza in realtà fanno scrivere al professor Maira: «il punto vero rimane un altro e cioè: come può dall'attività elettrochimica di queste aree nascere un pensiero cosciente». (Maira, p. 230)

Lo stupore e l'interrogativo filosofico nascono con le seguenti constatazioni: «con la Coscienza l'uomo ha avuto il privilegio straordinario di elevare la propria mente. Ed è questo dono a renderci consapevoli della immensità e della meraviglia del mondo in cui viviamo a spingerci a studiare il mistero, con il convincimento che la nostra mente sia l'unico strumento, per quanto imperfetto e limitato, che potrà provare a svelare i misteri». (Maira, p. 251)

Il professor Maira sostiene che la realtà misteriosa che chiamiamo Coscienza-Spirito-Mente ha bisogno delle funzioni del cervello ma che l'essenza e la capacità creatrice sfuggano alle categorie della scienza. Avanza l'interrogativo se la complessità del funzionamento del cervello e l'attività della mente siano il frutto del disegno di un Creatore Divino: «personalmente» e gli scrive «mi piace pensare che non sia soltanto la complessità anatomica e funzionale cui era arrivato il cervello umano ad aver fatto emergere le coscienze». (Maira, p. 252)

Portando avanti la tesi Creazionista difforme da quella Evoluzionista di stampo materialistico Maira scrive ancora: «forse la Coscienza era già nel progetto iniziale e che lo sviluppo delle funzioni del cervello era l'elemento evoluzionista principale». (Maira, p. 252)

Forse una Entità misteriosa che sfugge alla nostra capacità razionale di comprensione potrebbe aver deciso di introdurre nell'universo creato questa realtà metafisica che chiamiamo Spirito o Coscienza che si esprime nella fisicità del sistema nervoso con il linguaggio elettrochimico grazie al quale viene codificata tutta la realtà sensoriale in analogia alla telecamera del sistema digitale.

Il cervello come la telecamera digitale si alimenta di stimoli elettrochimici e li trasforma in suoni, immagini, concetti progetti, sentimenti eccetera. Ma quale sia la spiegazione razionale di questa codificazione e attività cosciente del pensiero sfugge alla nostra possibilità conoscitiva.

Questa realtà misteriosa che chiamiamo Spirito o Coscienza ci permette di aprirci all'idea dell'infinito, alla meraviglia della creazione e ci parla dal di dentro con il sentimento dell'insoddisfazione e l'anelito a cercare il futuro e progettarci nel mistero della vita. Questa voce interiore che ci tormenta in maniera discreta ci chiede di nutrirci di valori culturali e di significati universali e ci invita a non lasciarci travolgere dagli impulsi materiali sebbene indispensabili per la sopravvivenza.

La voce misteriosa interiore che parla con il desiderio di aprirci al mondo dei valori della perfezione e della verità trova un primo appagamento quando la Coscienza mette in moto iniziative culturali ed esperienze che ci fanno contemplare la bellezza.

Il nostro anelito verso il mistero e l'assoluto trova una qualche forma di appagamento proprio quando la nostra insoddisfazione del presente ci spinge a cercare la perfezione della bellezza.

Per usare il linguaggio filosofico di Von Hildebrand noi ci appaghiamo quando la nostra "Coscienza-di" contempla l'inseità della bellezza cioè quando il nostro anelito maturo coglie la bellezza sia fisica che metafisica nella sua oggettività.

La Bellezza dunque è la vera frontiera della Paideia in ogni grado di scuola. La ricerca e la contemplazione della bellezza costituiscono i veri fattori della formazione umana che mettono in moto le energie della creatività dello Spirito.

capitolo 17

LA NUOVA FRONTIERA DELLA PAIDEIA

Il progetto educativo che riteniamo più efficace per far maturare la Coscienza e promuovere una personalità libera e creativa dovrebbe collocare come primo obiettivo da raggiungere la maturazione del sentimento dell'amore: l'educazione o meglio la maturazione di questo sentimento che esige l'atteggiamento di accettazione, di rispetto e di simpatia con l'universo è, a pensarci bene, la condizione per capire il mondo della cultura e per rapportarci fruttuosamente con gli altri, con la realtà pratica e sociale in generale. L'affettività come apertura universale non è un dato spontaneo che ci viene dal patrimonio genetico è la risultante di rapporti familiari, sociali, professionali e acquisizione di valori che hanno avuto colorazioni emotive diverse nel corso della storia e degli itinerari formativi di ognuno. L'affettività dunque è un potenziale genetico che deve essere educato nel segno del rispetto delle attitudini, vocazioni personali di ognuno, di aspirazioni e condizionamenti socio-familiari e anche fisici e in genere culturali e ambientali.

Molti sono i fattori che entrano in gioco per la formazione della personalità ma la scuola deve favorire in ogni studente la sintesi affettiva che è modalità secondo la quale si può interpretare l'intera realtà fisica e umana e rappresentarla con delle progettazioni verso il futuro per il quale si investono le risorse di intelligenze e le competenze maturate da ogni giovane.

A proposito della educazione del sentimento dell'amore il filosofo René Hubert scrive: «l'educazione filetica aiuta a sprigionare nell'individuo un insieme di disposizioni affettive; non vi è dubbio che queste dipendono prima di tutto dal modo con cui si opera in lui la sintesi coscienziale; pur tuttavia gli esempi, le conversazioni i consigli, l'abitudine alla confidenza totale, l'educazione al controllo di sé, la formazione di una volontà capace di opporsi ai godimenti volgari contribuiscono a preparare la fioritura. Il resto dipende dalle circostanze e dalla vita». (Hubert, p. 396)

I giovani attraverso la frequentazione e le esperienze del bello della Natura e anche della Cultura e ovviamente del Pensiero e della Creazione artistica può dirigere i suoi interessi e orientare i suoi giudizi di apprendimento con la costante palestra focalizzata sulla bellezza.

Il nutrimento con i prodotti delle arti; della letteratura, delle scienze, delle tecniche dell'attività pratica guidata dal criterio estetico e non solo funzionale contribuirà a dare a ogni studente un nuovo habitus e un nuovo stile di vita.

L'accettazione dell'educazione filetica attenta ai valori universali anche attraverso il potenziamento dell'educazione estetica non solo contribuirà alla educazione del comportamento e quindi del controllo di sé ma favorirà il potenziamento di sentimenti nobili come l'amore per la vita, l'empatia per le problematiche umane, il sentimento della pietà per le fragilità e le precarietà. I sentimenti della tolleranza, della solidarietà, della disposizione all'ascolto e alla collaborazione, la ricerca del bene comune sono alcune virtù della nuova frontiera pedagogica che ci si propone di far maturare per mezzo della Educazione Estetica.

Questa frontiera richiede l'attenzione e il lungo viaggio alla ricerca della bellezza quella dell'udibile, quella del visibile, quella metafisica, quella naturale culturale Cosmica.

Bellezza e amore divengono un binomio indivisibile: sia il desiderio e il fascino della bellezza come il desiderio di avere e ricevere amore sono le voci innate che ci spingono ad aprirci al mondo esterno sia naturale che sociale, sia culturale che metafisico.

Queste due voci del nostro profondo sentire sono gli stessi canali che ci conducono a cercare il senso della vita e il mistero della creazione.

capitolo 18

BELLEZZA: STRUMENTO E FINE PEDAGOGICO

ALLA RICERCA DELLA BELLEZZA E DEI VALORI

Questa nuova paideia fondata sulla ricerca della bellezza e dunque sull'educazione estetica non può prescindere da quella educazione etica, come costante ricerca di valori i quali affondano le radici nell'affettività premessa della generosità, lealtà, dedizione, pietà e in definitiva l'amore.

Una qualche riflessione integrativa sulla questione ci viene offerta dal filosofo René Hubert: «La lealtà è quello atteggiamento del carattere volto ad accettare il reale quale esso è [...] è rispetto delle cose, rispetto degli altri, rispetto di sé».

«La generosità è l'atteggiamento pratico dell'uomo convinto che non può realizzare pienamente se stesso se non attraverso il dono di sé alla comunità spirituale di tutti gli esseri».

«La dedizione è l'antitesi dell'egoismo. Mentre l'egoismo isola e rende infelici alimentando amarezza e irrazionalità la dedizione è appagante, apre orizzonti di affettività e di conoscenze sempre più ampie».

«L'egoismo trascina l'uomo [...] alla bassezza dell'istinto, alla violenza dell'orgoglio, alla brama di dominio, in una chiusura in se stesso e quindi su ciò che in lui vi è di meno umano». (p. 227)

«Il valore dell'uguaglianza è la consapevolezza che gli altri hanno lo stesso grado di umanità e di mistero personale di cui dispone ognuno di noi. È altresì la conseguenza della nostra capacità mentale di saper leggere il mondo valoriale e affettivo degli altri e di estrarre empaticamente nella sfera affettiva e riconoscere negli altri nostri stessi bisogni e anche le nostre debolezze le nostre istanze di solidarietà e bisogno di sicurezza».

«Il sentimento della pietà costituisce l'atmosfera affettiva in cui è circoscritta la rappresentazione del divino, cioè la convinzione di essere Spirito e che tutte le cose reali e possibili sono Spirito [...]. La pietà è il sentimento dell'unità profonda del reale e dell'ideale e perciò stesso ottimismo nel significato più altamente filosofico del termine; è la fede nell'esistenza in tutta l'esistenza quale essa è e quale aspira a essere, poiché l'esistenza è atto dello Spirito». (Hubert, p. 228)

La pietà ci fa sentire parte del tutto e ci fa respirare l'atmosfera dell'accettazione del mistero del Creato nonostante la difficoltà o l'impossibilità di entrare razionalmente nell'essenza della creazione.

Accettazione, umiltà, ottimismo, desiderio di collaborazione per un ignoto itinerario dell'esistenza sono le virtù che stanno alla base della pietà.

Il sentimento della Pietà apre gli ultimi e più elevati gradi di significatività dei valori della Coscienza cioè la Bellezza e l'Amore.

La capacità di cogliere o meglio di lasciarsi "affezionare" dalla bellezza è il segnale della maturazione della Coscienza che scopre in ogni ambito della creazione il soffio creatore dello Spirito Divino: nella bellezza del tutto l'uomo cosciente è in sintonia con l'essenza della creazione.

La bellezza offre la chiave per interpretare la vera legge che è sottesa a ogni forma di vita: la bellezza ci conduce al soffio creatore di Dio che nella sua essenza non può che essere amore desiderio di perfezione, di armonia, capacità di donare agli elementi della materia la gioia della contemplazione del Creato.

«Bellezza e Amore sono infatti i gradi dello Spirito che presuppongono già costituita, nei piani inferiori della rappresentazione razionale, la sintesi intellettuale del sapere e la sintesi pratica della moralità». (Hubert, p. 229)

Il filosofo Hubert ci offre la sintesi efficace del progetto didattico-pedagogico di una nuova Paideia fondata sull'educazione estetica: «funzione dell'educazione è quella di aiutare cioè la Coscienza a rispondere al richiamo dello Spirito per mezzo del sapere, della moralità, della bellezza e dell'amore e a estirpare da sé quanto la inclina verso la menzogna, il vizio, la bruttezza e l'odio». (Hubert, p. 229)

È interessante sottolineare che in ogni creatura c'è la voce dello Spirito (come nascosto progetto genetico) che suggerisce un compito di formazione educativa ed esige l'attività volitiva dell'uomo che deve far crescere questa voce nascosta attraverso il sapere, la moralità, la bellezza e l'amore. Questa voce ora flebile ora più intensa richiede la lotta contro le tentazioni della menzogna, del vizio, della bruttezza, dell'odio. È in questa sintesi Il vero progetto pedagogico della Paideia fondata sull'educazione estetica. Il progetto educativo trova il suo coronamento in una presa di Coscienza sulla necessità di cercare il fine ultimo dell'esistenza umana: «al culmine di questo processo» scrive Hubert «vi è il senso del divino, al di là del quale non è più possibile l'azione razionale [...]. Non altro che l'esperienza individuale può decidere circa il significato ultimo da attribuire al Divino, atto in cui né la pura ragione né l'educazione possono avere parte». (Hubert, p. 229)

La nuova Paideia si prefigge di educare i giovani all'accettazione e alla condivisione affettiva dei valori allo scopo di far maturare il carattere e auspicare una condotta conforme ai valori universali.

Questo progetto presta però il fianco a delle obiezioni e confutazioni filosofiche non peregrine.

La Paideia fondata sui valori esige come condizione che i valori non abbiano un respiro precario con una genesi fortemente legata alle circostanze storiche e culturali di una qualunque società.

In definitiva bisogna respingere il relativismo auxologico andando a dimostrare la fondatezza universale di valori condivisi (almeno teoricamente) da tutti gli uomini di qualunque società.

È necessario chiederci se ci siano valori che appartengono al patrimonio genetico, se ci sono nel patrimonio genetico sentimenti con un respiro universale che possono offrire la base per avvicinare tutti gli uomini facendo loro comprendere e avvertire emotivamente il bene, o la bellezza, o la verità o la giustizia o il senso del destino umano. Saranno infatti questi i valori e i sentimenti a costituire la stella polare per le condotte umane e suscitare desideri di autoaffermazione e di scoperta conoscitiva e di controllo delle rotte comportamentali sia nella vita privata come nella vita sociale.

Il relativismo auxologico è invece carico di rischi: nel corso della storia del pensiero e dell'azione politica il relativismo ha giustificato e continua a giustificare comportamenti privati e pubblici non di rado espressione di egoismo, di celebrazione di miti Razzisti e di passioni distruttive alimentate dall'orgoglio e dalla prevaricazione. Il relativismo ha spesso giustificato atteggiamenti anarchici e società senza regole nelle quali ogni comportamento è lecito e l'individuo non deve sentirsi legato al sentimento del dovere che sarebbe la causa prima del senso di colpa e che richiede autocontrollo.

Esaminando la storia della Cultura e del pensiero ma anche della politica, dell'economia e dei comportamenti sociali possiamo renderci conto di quante teorie, ideologie siano state il risultato di concezioni e valori di natura relativistica.

Valori quali la verità, la conoscenza, il bene, la giustizia il bello eccetera sono stati sminuiti e strettamente legati se non subordinati a circostanze storiche, a scelte di potere giustificate da teorie nichiliste.

Nel campo della conoscenza si nega la possibilità per la Ragione di giungere alla verità e alla oggettività dei saperi perché la mente, come monade, non avrebbe le finestre per afferrare l'oggettività della realtà; nel campo dei comportamenti e della morale sarebbe impossibile separare il bene dal male: l'uomo deciderebbe (a seconda delle circostanze storiche delle tradizioni culturali o dei desiderata dei regimi politici dominanti) quello che è bene quello che è il male.

Analoga posizione relativistica sarebbe nel campo della Religione dove ogni stagione culturale, civiltà e tradizioni avrebbero espresso i propri culti e le proprie esigenze di fede creando i propri miti e narrazioni escatologiche.

Il dominio del relativismo-auxologico lo si ritrova a maggior ragione nel campo dell'estetica dove prevarrebbe il detto popolare "il bello è ciò che piace". Tralasciando le confutazioni sul relativismo gnoseologico, etico morale, religioso il filosofo Von Hildebrand dedica la sua ampia attività speculativa sulla confutazione del relativismo auxologico nel campo dell'Estetica.

La mancanza di saldi ancoraggi universali a valori necessari e fondamentali per la vita stessa deresponsabilizza la persona nel suo impegno di sviluppo verso vette dello Spirito che cerca Verità, Giustizia, Amore.

Il relativismo auxologico offre la giustificazione all'individualismo egoistico ed edonistico distruggendo il tessuto connettivo della solidarietà e dell'organizzazione degli stati in una cornice di rispetto e di scambio culturale proficuo.

Von Hildebrand affronta il tema fondamentale del relativismo auxologico esaminando minuziosamente il valore della bellezza cercando nella natura ontologica universale anche la funzione catartica e motivazionale sulla dinamica vitale degli uomini in ogni contesto sociale.

Scrive il filosofo Von Hildebrand: «Il ruolo della bellezza per la felicità dell'uomo non è limitato per esempio agli attimi in cui il tema è la contemplazione di cose belle. No, questo ruolo è efficace anche nei momenti in cui l'uomo si occupa di tutte altre cose. La bellezza dell'ambiente in cui vive: della sua casa per quanto semplice questa sia, come le case rurali in Toscana; lo sguardo da casa sullo ambiente più vicino e più lontano; la bellezza architettonica delle case adiacenti; la bellezza del sole che risplende in casa, dell'ombra donataci da un albero: tutto ciò nutre anche l'anima dell'uomo più semplice, penetra nei suoi cuori pure quando egli non vi faccia attenzione». (Von Hildebrand, p. 9)

Von Hildebrand prima ancora di addentrarsi nell'analisi filosofica del valore della bellezza e cercare legittimazioni razionali al tema della natura ontologica della bellezza confutando gli argomenti a favore del relativismo ontologico sottolinea l'intimo nesso tra il bisogno di felicità dell'uomo e la ricerca o meglio la realizzazione dei valori universali evitando la seduzione e la tentazione relativistica che aprirebbe la strada agli egoismi sfrenati e alle barbarie.

«Non è difficile vedere quanto poco felici siano oggi gli uomini, quanti più psicopatici ci siano, quanti più suicidi, crimini, disordini, rivoluzione, proteste eccetera. Non sono sintomi inequivocabili dell'infelicità della sete inappagata di felicità? [...]. La bellezza è senza dubbio una delle grandi fonti di felicità della vita umana». (Von Hildebrand, p. 10)

Dei valori universali, dunque, non possiamo fare a meno andremmo a compromettere l'essenza e il significato più vero del nostro vivere.

Senza voler approfondire il discorso filosofico sulla natura e sulla conformazione universalistica dei valori potremmo ammettere che la genesi e la collocazione, per così dire, di alcuni valori è nella genetica, è nel patrimonio ereditario che gli uomini ritrovano in loro stessi. I valori non sono idee posticce decise dal nostro libero arbitrio con finalità e usi capricciosi o filosofici o politici; sono piuttosto codificazioni genetiche a-priori e per dirla kantianamente trascendentali.

Sono quelle istanze che appartengono, per dirla con alcuni psicologi e neurologi, alla categoria degli istinti ma che non hanno la potenza espressiva di altri istinti più robusti come la voce della fame, o sete, o dolore eccetera ma ciò non diminuisce la loro natura istintiva o meglio genetica e universale.

Il valore della vita e il forte attaccamento a esse, il valore dell'amore e il bisogno di comprendere e amare gli altri; il valore della propria capacità creativa e il bisogno di esprimersi; il valore della solidarietà al quale si lega il piacere di donarsi; il valore dell'apprezzamento degli altri che va a sostenere il bisogno di autostima; il valore del sentimento della Pietà che spinge ogni essere vivente a trovare un sentimento di comprensione e compassione per le fragilità e consente di aprirci al mistero della creazione; il valore del pentimento e del perdono; il valore della ricerca e della scoperta che ci consente di aprire la finestra ed esplorare la realtà che ci circonda abituandoci a fare domande e cercare verità. Sono voci che ci esortano a nutrire lo Spirito.

Questi non sono valori legati alla libera decisione degli uomini; appartengono a tutti basta alimentarli, educarli, farli crescere, dare loro la voce più robusta con l'alimento dello Spirito che vuole cultura e quindi amore e bellezza.

Il filosofo Von Hildebrand approfondendo la sua speculazione sulla funzione "felicitante" per così dire, della bellezza scrive: «Ma la bellezza non è soltanto una fonte centrale di felicità: ha anche grande importanza per lo sviluppo della personalità specialmente dal punto di vista morale».

Platone dice: «Quando guarda la bellezza, all'anima crescono le ali" sotto molti riguardi la bellezza genuina ci libera dai pesi terreni, ci tira fuori dall'ottusa prigionia della vita quotidiana. Quando guardiamo l'autenticamente bello, veniamo liberati dalla tensione verso la meta pratica più prossima. Diveniamo contemplativi e questo ha un grande valore. Diveniamo altro, anzi è la nostra anima a diventare più bella, quando la bellezza ci tocca, ci cattura e ci infiamma. Essa ci solleva al di là di tutto ciò che è basso, comune. Ci apre gli occhi riguardo alla bassezza impurità malvagia di molte cose». (Von Hildebrand, p. 12)

E ancora: «Il contatto con cose belle, con un ambiente impregnato di bellezza non rappresenta solo una solida difesa contro l'impurità, la bassezza, la rilassatezza di ogni tipo, la rozzezza e l'insincerità ma ha anche il significato di elevarci moralmente [...]. La bellezza è qualcosa da prendere molto sul serio. Non ci trascina in un godimento autoreferenziale in una esclusiva volontà di godere, bensì schiude i nostri cuori. La bellezza ci invita alla trascendenza, ci conduce in conspectum dei». (Von Hildebrand, p. 13)

Si chiarisce che solo quel tipo di bellezza che secondo Kant chiamiamo Sublime ha la forza di condurci davanti a Dio ciò nonostante anche le cose più modeste con la dignità del bello che comunque racchiudono un certo grado di purezza e nobiltà hanno però la forza di farci provare un sentimento di gratitudine verso Dio: questo tipo e grado di bellezza «ci libera dalla prigione dei nostri interessi egoistici sciogliendo i nostri cuori; ci scampa - sia pure solo per breve tempo- dallo spasimo di passioni selvagge». (Von Hildebrand, p.13)

Questa funzione di purificazione dalla bassezza della materia, questa azione di ascesa metafisica fin quasi alla contemplazione della divinità per opera della bellezza sarebbe fantasia e mistificazione o pietosa aspirazione se il valore della bellezza non avesse una sua oggettività una sua "inseità" ontologica.

Su questo tema insiste ripetutamente la speculazione filosofica del filosofo Dietrich von Hildebrand.

Il relativismo Auxologico (fondato sul soggettivismo anarchico) darebbe la giustificazione ai temi del relativismo etico-morale e anche gnoseologico. Non ci sarebbe conoscenza oggettiva, né distinzione etica tra il bene e il male, né grande attenzione alla giustizia e rispetto della vita intesa come valore primario.

Il filosofo Von Hildebrand ritrova nella speculazione filosofica di David Hume l'origine dello scetticismo assoluto: «purtroppo è pregiudizio molto diffuso ritenere che tutti i valori siano non proprietà oggettiva, ma solo sentimenti, ossia effetti che un oggetto suscita in noi. Si afferma che noi non potremmo mai apprendere, osservare, riscontrare come proprietà neutre i valori che attribuiamo a un oggetto. Questo errore fatale della soggettivazione dei valori ha avuto, come tanti altri errori, numerosi sostenitori, in particolare grazie a quel filosofo presso cui la sproporzione tra la sua importanza di filosofo e l'influsso esercitato nelle storie della filosofia è più grande che in qualsiasi altro: David Hume». (Von Hildebrand, p. 23)

Lo scetticismo che nega la natura "neutra" e oggettiva dei valori (vanità, bellezza, bontà, giustizia, umanità eccetera) è fonte di disorientamento in ogni ambito della vita dell'uomo. L'uomo ha bisogno di ancorare le scelte e le decisioni su ontologie universali e talvolta ideologie utopistiche e legare i membri di tutte le società su cordate che convergono sull'universale e sulla celebrazione della vita come valore assoluto. In ultima analisi ha bisogno di coltivare la speranza su fondamenti solidi ancorati a valori alti condivisi senza rischiare il naufragio esistenziale o l'anarchia e l'edonismo distruttivo.

Lo scetticismo radicale toglie ogni paracadute alle pericolose avventure del vivere e giustifica anche le deviazioni, le violenze, la legge dei prepotenti.

La confutazione del filosofo Von Hildebrand al relativismo Auxologico pone come focus principale del problema il concetto di significatività che si attribuisce ai valori. Questa viene classificata in tre categorie: «Esistono diverse specie di significatività: il mero appagamento soggettivo; il bene oggettivo per la persona; il significativo in sé». (Von Hildebrand, p. 20)

L'essenza del vero valore non è mai una significatività collegata alla soggettività e tale significatività prescinde proprio dalla qualità dell'apprezzamento e dalla godibilità che potrebbe coinvolgere il soggetto percipiente.

Il vero valore dunque ha una significatività in sé, ha una sua entità ontologica. Non tutti filosofi sono di questo avviso: «alcuni filosofi affermano che tutti i valori sarebbero dei vissuti psichici. Questa affermazione completamente infondata, anzi evidentemente falsa, viene proposta con enfasi dogmatica da Santayana, Dewy, Carnap e da molti altri come qualcosa di evidente». (Von Hildebrand, p. 32)

La tesi dunque di Von Hildebrand è proprio quella di escludere la concezione per cui i valori siano entità psichiche cioè sentimenti.

La tesi di fondo di Santayana è che tutti i valori dipendono dall'esistenza di una Coscienza personale anzi più chiaramente da una Coscienza emozionale.

Per Von Hildebrand la tesi di Santayana è disastrosa: «Egli dice [...] che non ci sarebbe valore se non in un apprezzamento e che buono non esisterebbe se non nella preferenza di qualcosa rispetto ad altro».

Von Hildebrand ritiene che «in conclusione bisogna dare per assodato questo: il relativismo universale dei valori è un puro e semplice pregiudizio. Esso non è mai stato dimostrato: viene introdotto come un assioma dogmatico come fosse evidente, oppure viene fondato su argomenti deboli e superficiali». Per il filosofo «un'analisi senza pregiudizi scopre l'esistenza innegabile del significativo in sé dei valori; nella loro vera essenza. Si scopre pure che i valori sono sempre costantemente presupposti; giocano un ruolo innegabile, fondamentale e rientrano in quelle datità originarie ultime come essere, verità, conoscenze che se le si voglia negare, devono essere tacitamente presupposte». (Von Hildebrand, p. 63)

Nel del pensiero di Von Hildebrand si potrebbe trovare una forte analogia tra la concezione ontologica dei valori e le Idee della concezione idealistica di Platone. L'attenzione speculativa principale di Von Hildebrand sull'essenza ontologica dei "valori" è rivolta principalmente all'Estetica e al valore della Bellezza che dà senso e nutre ogni aspetto della vita degli uomini ma anche dell'esistenza del Creato.

Il mondo della cultura espresso dalle varie forme simboliche di cui parla Cassirer è il prodotto dello Spirito umano che partendo da concezioni valoriali diverse tende alla perfezione e alle armonie del bello universale come è stato chiamato dal filosofo Sergio Hessen.

Arte, letteratura, pensiero filosofico, musica, teatro, danza, tecnologia, matematica sono i prodotti e le espressioni culturali di una umanità che cerca perfezione, bellezza, superamento della bruttezza e della violenza.

capitolo 19

FUNZIONE PEDAGOGICA DELLA BELLEZZA

Educare alla bellezza non significa puntare l'attenzione solamente al mondo dell'udibile e del visibile ma significa piuttosto puntare l'impegno pedagogico sull'intero mondo culturale e morale dello Spirito perché la bellezza è in ogni ambito della vita reale e culturale; concreta e astratta. Il filosofo Von Hildebrand chiarisce la portata pervasiva di questo approccio estetico all'intero mondo culturale e morale dell'attività e del comportamento umano.

«La bellezza» scrive Von Hildebrand «si trova nei più diversi domini ontologici. Possiamo parlare della bellezza della virtù, della bellezza di un'azione di uno Spirito ricco e geniale, di un libro per la verità che contiene eccetera. Certo, quando si parla di valori estetici noi pensiamo prima di tutto alla bellezza del visibile e dell'udibile e non a quella bellezza i cui portatori sono entità puramente spirituali. Non c'è dubbio però che esista una genuina bellezza della virtù, dello Spirito geniale, o di altri valori personali universali per esempio la bellezza dell'animo e che esistano disvalori estetici come la bassezza e la specifica bruttezza della viltà. Anche certi atteggiamenti e azioni della persona possono avere una qualità prettamente estetica: la meschinità è brutta, la limitatezza e superficialità spirituale sono assiologicamente negative anche in ottica estetica». (Von Hildebrand, p. 93)

Questa ottica estetica del filosofo ci suggerisce di intraprendere un percorso pedagogico per guidare i giovani verso mete educative che prevedano atteggiamenti di maturazione estetica nell'affrontare il percorso culturale e formativo della personalità in ogni campo: quello artistico in primo luogo; quello dell'approccio alla interpretazione della natura; quello etico morale; quello pratico; quello della esplorazione e interpretazione del patrimonio culturale simbolico e quello della contemplazione del mistero del Creato.

La personalità e il carattere si formano e si strutturano grazie ai valori i quali hanno il potere di rendere tanto più nobile e realizzata la persona umana quanto più intenso e profondo è il loro potere di permeare di nutrire ogni forma di espressività culturale e morale.

Per il filosofo Von Hildebrand tutti i valori più alti hanno la qualità della bellezza e d'altra parte i disvalori una determinata bruttezza. Gli stessi valori morali sono belli: «alla virtù della purezza, dell'umiltà, della sincerità è peculiare una determinata bellezza. Impurità, superbia, mendacità sono specificatamente brutte. La bellezza delle Virtù e la bruttezza dei vizi sembra essere una irradiazione dei valori o di valori morali [...]. Questa bellezza è, per così dire, il riflesso, il raggio, il profumo del disvalore morale. Lo stesso vale per il rapporto della bruttezza con il vizio: Essa è emanazione un lezzo del disvalore morale. Potremmo dire: questa bellezza è il volto nobile del valore morale e questa bruttezza è il ghigno dell'immortalità: c'è come una dimensione metafisica di 'sembianza'». (Von Hildebrand, p. 95)

Von Hildebrand introduce il concetto di "sembianza" in questa peculiare tipologia di bellezza metafisica che appartiene alla sfera spirituale ed è emanazione di valori morali, di valori artistici nel campo della cultura e anche nel campo della natura.

Dal punto di vista didattico sì dovrebbe costruire un curriculum che conduca i giovani a scoprire la bellezza metafisica in ogni sfera auxologica e capire che tutti i valori: morali, culturali, tecnologici, naturali, matematici, religiosi, esistenziali hanno un loro profumo di bellezza metafisica che nobiltà e spinge la volontà dei giovani a cercare una direzione per la autorealizzazione della personalità per una felicità possibile.

capitolo 20

EDUCAZIONE ESTETICA E SINTESI TOTALE PER LA FORMAZIONE DELLA PERSONALITÀ

La programmazione didattico-educativa per la formazione della personalità umana deve necessariamente avere l'esatta consapevolezza che il compito maieutico del docente e di tutti coloro che agiscono sui giovani per liberare il potenziale creativo consiste nel favorire la formazione dinamica della sintesi totale o per meglio dire una loro particolarissima "concezione del mondo" che è la loro interpretazione della realtà mediante la quale la Coscienza fa luce sul mondo psicologico, sulla natura, sull'ambiente socio-culturale, sui propri progetti operativi, etico-morali, sul proprio destino, sulle proprie risorse, sul patrimonio culturale che ha ricevuto e su quello che può egli stesso continuare a produrre grazie alla sua capacità creativa simbolica.

«La concezione del mondo è una presa di Coscienza del

proprio se stesso e delle fondamenta della propria esistenza. Essa è radicata nell'esistenza personale e storica dell'uomo, nel tipo della sua personalità e della particolarità storica della situazione in cui egli vive. È la radice che lega la Coscienza dell'uomo alla sua base ontologica; se la radice crescerà al di sopra della terra, fiorirà come filosofia, arte, religione, moralità oppure come un qualsiasi altro ramo della cultura, nella molteplice obiettività e universalità nei quali si disperde il suo carattere primordialmente soggettivo e parziale. Ma affinché questa fioritura emerga, ci vuole il sole dell'amore, l'amore soltanto potendo far sì, che la concezione del mondo si sviluppi, assimili i problemi del mondo, si saturi della dinamicità e diventi l'organismo della cultura». (Hessen, p. 56)

Per quanto riguarda il processo di formazione della "concezione del mondo" solamente nella prima adolescenza il ragazzo comincia a farsi domande che gradualmente lo condurranno a crearsi una propria consapevole "concezione del mondo".

Il fanciullo vive i suoi anni immerso nelle concezioni del mondo che la società nel suo insieme e le singole persone adulte si sono strutturate con i convincimenti sui valori, sulle loro visioni e consapevolezze e scientifiche, pratiche morali religiose.

Come scrive Hessen «l'ambiente del bambino al di fuori della scuola è pure permeato di una concezione del mondo. Il bambino respira quest'aria spirituale, si innesta nella concezione del mondo che permea di sé non soltanto le singole persone ma anche tutta un'epoca». (Hessen, p. 50)

Il fanciullo tende a imitare i comportamenti degli altri, assimila parole, respira le idee del bene e del male dei diritti e dei doveri; apprezza o disprezza gli aspetti della realtà che lo circonda, cerca di comprendere le conoscenze tecniche e pratiche dominanti; segue riti sacri e profani ma lentamente comincia a integrarsi e la sua Coscienza si apre verso il mondo e si interroga alla ricerca delle risposte.

La scuola lo dovrà aiutare a comprendere il vasto mondo della realtà attuale e del patrimonio culturale ricevuto dalle generazioni passate ma sarà il ragazzo stesso a interrogarsi per scoprire se stesso e a interrogare il mondo reale, culturale per codificarlo con le proprie categorie culturali e spirituali.

La costruzione della concezione del mondo come ben chiarito da Hessen se vuole essere dinamica, chiave di liberazione delle energie spirituali dei giovani richiede tassativamente un'attenzione costante ai valori ultimi dello Spirito, valori universali, ai quali dovrebbero tendere i giovani di ogni tempo storico cioè i valori della verità come ricerca permanente che mai si appaga delle scoperte provvisorie: il valore della bellezza come ricerca di equilibrio e armonia in ogni ambito della vita; il valore etico morale come ricerca di realizzare condotte conformi alla giustizia e al rispetto della vita degli uomini; il valore della ricerca permanente del significato ultimo della vita e l'anelito verso orizzonti metafisici e religiosi.

Le concezioni del mondo se vengono strutturate in questa forma dinamica nella quale prevale la tolleranza e l'attenzione alle scelte degli altri saranno sempre parziali e non presumono di aver raggiunto le vette del valore assoluto nel vero, nella bellezza, nella morale o nella religione. Queste concezioni del mondo con la caratterizzazione della tolleranza e spesso del dubbio richiedono, come sottolineato dal filosofo Hessen, il requisito dell'amore universale che è il vero antidoto al rischio di costruire una concezione del mondo come ideologia intollerante che si oppone a ogni confronto ma ha la pretesa di imporsi per esercitare il potere o il dominio culturale, politico, religioso eccetera. Scrive

Sergio Hessen: «Sotto l'alito rovente del desiderio di potere e dell'odio essa diventa invece arida e si chiude nel suo soggettivismo e particolarismo di fronte a ogni problema che intenda spezzare tale limitatezza [...]. Nell'ideologia, il desiderio di potere domina sopra la sete della verità e così la concezione del mondo si pietrifica in un prodotto immobile, in dogma. La buona e feconda dialettica che si manifesta nella concezione del mondo come tensione [...] tra il soggettivismo della provenienza e l'obiettivismo della meta, tra il particolarismo dell'atteggiamento primordiale e la pienezza della verità ricercata, nell'ideologia si deforma in una "cattiva dialettica». (p. 56)

Si chiarisce allora il compito educativo che lo studente deve svolgere per giungere progressivamente alla costruzione e continua ricostruzione della sua "concezione del mondo" come obiettivo permanente della formazione continua della sua personalità "in fieri" nel desiderio di avvicinarsi ai valori universali dello Spirito: verità, bellezza, giustizia, etico morale, religione.

Compito della scuola è fornire al giovane stimoli, contenuti, esperienze, metodi, situazioni culturali insomma la giusta istruzione mediante la quale ogni studente possa conquistarsi la sua concezione del mondo e far maturare la sua personalità. Ogni concezione del mondo che potrà formarsi in ogni studente non avrà probabilmente l'orizzonte spirituale che è proprio dei valori universali ma sarà sempre una concezione soggettiva e unilaterale perché, come scrive Hessen, «fondata su un frammento dell'universo» ma se non si trasformerà in arrogante ideologia strumento del desiderio di potenza, tale concezione del mondo tenderà sempre a cercare la consapevolezza dei valori universali perché sarà in perenne tensione verso le verità, la scienza, la bellezza, la religione, la giustizia.

È bene sottolineare che la perenne tensione dell'uomo nel cercare di capire e conquistare l'universo e la sua realtà struttura la consapevolezza ma è bene chiarire che nella costruzione della concezione del mondo non interviene esclusivamente la Razionalità o se vogliamo la capacità di concettualizzare e capire i rapporti e i condizionamenti tra i fenomeni cioè per dirla ancora come Hessen «La concezione del mondo non costituisce soltanto la razionale comprensione del mondo ma è consolidata nell'irrazionale profondità della personalità o del mondo storico nel quale vive l'uomo [...]. Costituisce l'atteggiamento dell'uomo nei confronti di tutto il mondo e nasce dalla tendenza dell'uomo a dominare tutto il mondo». (Hessen, pp. 32-33).

Nonostante la visione soggettiva, unilaterale e particolaristica che l'uomo possiede per capire e dominare il mondo egli tende a una costruzione di concezione del mondo con orizzonti di universalità. Tale costruzione di natura spirituale e culturale sarà tanto più feconda quanto più si allontanerà dalla pietrificazione in ideologia e tenderà costantemente a cogliere o ad avvicinarsi ai valori universali della verità della bellezza, della giustizia della santità. Questa costruzione richiede il perenne sforzo della educazione permanente della propria personalità. La formazione della personalità si prefigge dunque l'itinerario educativo per giungere a una sintesi totale della rappresentazione spirituale del mondo reale, della cultura come patrimonio, della comprensione e partecipazione attiva nella vita sociale come tensione permanente alla felicità e alla ricerca del Sacro. Una vera sintesi totale operata dalla Coscienza per realizzare se stesso in ogni campo della vita reale e culturale esige tassativamente la maturazione di un sentimento che di pari passo alimenta l'attività didattica del docente e l'attività di autoconsapevolezza dello studente: si parla di quel sentimento fondativo cioè dell'amore che è la premessa della tolleranza di ogni altra concezione del mondo.

SUGGERIMENTI PER UN PERCORSO DIDATTICO SULLA EDUCAZIONE ESTETICA E COSTRUZIONE DELLA SINTESI TOTALE

La maturazione della personalità come è stato chiarito dal filosofo Sergio Hessen è quella costruzione dinamica e permanente di una concezione del mondo tesa alla conquista dei valori universali e che non si lascia irretire dalle sirene delle ideologie che pietrificano le visioni parziali e alimentano pseudo-verità ed egoismi del potere.

L'obiettivo da perseguire è certamente la concezione del mondo dinamica aperta ai valori ma il motore per attivare tutti i processi educativi è collocato non nella Ragione astratta del concetto ma nei sentimenti e nella vita emotiva. È la forza dell'amore che fa crescere la personalità.

L'analisi di questa dinamica formativa della Coscienza che fa luce sul mondo e su se stessa è ben offerta dalle riflessioni del filosofo René Hubert: «Con l'educazione della affettività, si attingono le forme della sintesi coscienziale totale; cioè il modo con cui non soltanto la Coscienza si conosce nel proprio sforzo di interpretazione del reale, non soltanto si vuole nel suo adattamento all'esistenza e soprattutto alla esistenza sociale ma altresì si possiede e gioisce di se stessa senza alcunché di egoistico, né di chiuso, giacché la gioia le viene dal fatto che l'essere ha moltiplicato i propri rapporti con le cose e con gli altri esseri [...]». (p. 383)

La sintesi totale secondo Hubert: «è attitudine a percepire la bellezza ponendosi di fronte all'oggetto, è attitudine a sentire l'amore quando si trovi di fronte al soggetto, è attitudine alla Pietà di fronte alla totalità dell'esistenza; di qui le tre forme essenziali della educazione Estetica: Artistica, Filetica, Religiosa». (Hubert, p. 383)

Su queste fondamenta o attitudini a percepire la bellezza, a sentire l'amore, a provare la Pietà per il mistero del tutto si edifica la conoscenza razionale, la pratica dell'operatività, la condotta morale, ogni forma di produzione pratica e culturale messa in moto dallo Spirito che si va strutturando nella sua "concezione del mondo" che si irradia in ogni direzione dell'attività umana e produce cultura con i suoi simboli.

Tutte le attitudini e risorse creative dell'uomo concorrono alla formazione della personalità e della sintesi totale con la concezione del mondo dinamica ma le diverse potenzialità e risorse necessitano prioritariamente del sentimento dell'amore nella cornice della bellezza.

I sentimenti dell'amore e quello della bellezza o meglio dell'anelito alla bellezza, costituiscono le leve principali per attivare il pedagogicamente i processi di formazione della personalità.

Il bisogno d'amore affonda le radici nell'humus della creazione e dello sviluppo di ogni organismo vivente.

Occorre dunque rivolgere l'attenzione prioritaria alla vita affettiva e alle emozioni connesse alle istanze e ai bisogni fondamentali della vita codificati nel genoma dell'organismo.

Parlare del sentimento dell'amore significa aprire un capitolo complicato che coinvolge non solo la speculazione filosofica ma sicuramente la riflessione psicoanalitica e gli studi di neurologia.

In questa sede si offre solamente qualche spunto di riflessione per contribuire a un dibattito pedagogico.

Lo studioso di psicologia e neurologia David Goleman ci fa notare che «le aree emozionali del sistema limbico del cervello sono strettamente collegate a tutte le zone della neocorteccia attraverso una miriade di circuiti di connessione. Ciò conferisce ai centri emotivi l'immenso potere di influenzare il funzionamento di tutte le altre aree del cervello- compresi centri del pensiero». (Goleman, p. 31).

Come è noto le emozioni con la loro vasta gamma delle sfumature costituiscono la sentinella per garantire la conservazione della vita individuale e quella della specie.

La complessa ramificazione che collega l'amigdala del sistema limbico a tutti i centri vitali dell'organismo garantisce ogni forma di controllo per conservare la salute e la specie; le emozioni attraverso i neurotrasmettitori offrono compensi di piacere o stimoli di sofferenza e frustrazioni per la conservazione e la trasmissione della vita.

Il sentimento dell'amore biologicamente è in primo luogo espressione del possesso sessuale ma questo sentimento può evolversi nelle tantissime forme della affettività umana.

Il sentimento dell'amore educato dai centri cerebrali della Corteccia prefrontale e dunque della Razionalità che può interagire con il sistema limbico sub-corticale perde quella forma biologica dello istinto primordiale e va spiritualizzandosi aprendosi alle esigenze poste dai valori più alti e alla cultura.

Il sentimento dell'amore viene in qualche modo sublimato e ci permette di comprendere noi stessi e la società. La riflessione, l'autocontrollo e l'atteggiamento di rispetto e di amorevolezza ci consentono di affrontare la realtà umana e la società comprendendo le esigenze più profonde.

Per il filosofo Hubert la prima esigenza profonda dell'uomo è «il possesso di sé, che non ha nulla in comune con la liberazione dell'istinto: l'istinto è cecità, il possesso chiarezza. Ora l'amore è tutt'altra cosa che sessualità la implica solo a condizione di superarla sotto ogni punto di vista». (Hubert, p. 393)

Il filosofo Hubert attraverso riflessioni filosofiche conclude dicendo: «Considerando le cose sotto l'aspetto delle origini profonde che scaturiscono dalle esigenze costitutive della Coscienza non è l'amore a procedere dalla sessualità ma è la sessualità che procede dall'amore, giacché essa, sul piano biologico non è che un'espressione particolare del bisogno di fusione degli esseri». (Hubert, p. 393)

Il sentimento dell'amore è tanto più intenso quanto più riusciamo a realizzare la nostra personalità attraverso le creazioni dello Spirito e con queste forme espressive tendiamo alla fusione con gli altri Spiriti e alla fusione con il mistero della vita e del Creato.

È un capovolgimento di bisogni tutti codificati nel genoma.

Molto probabilmente nella gerarchia dei bisogni fondamentali codificati ab-aeterno nel genoma si deve collocare al primo posto il bisogno di amare se stessi e il mondo e da questo amore primordiale potrà scaturire anche la sessualità.

Il filosofo Hubert approfondisce le diverse Nature della sessualità e del sentimento dell'amore: «se la sessualità è eminentemente possesso, l'amore è dono di sé, appello alla tenerezza con profusione di tenerezza, desiderio di arricchirsi con ciò che si dona all'altro più che con ciò che si riceve: l'amore è la forma della virtù della generosità rivolta a un individuo». (Hubert, p. 394)

Un'altra riflessione del filosofo ci aiuta a comprendere meglio i requisiti e le caratteristiche del sentimento dell'amore: «l'amore per sua natura vuole elevarsi di colpo al cielo delle perfezioni. Ora a nessuno è dato di raggiungere o almeno di mantenersi a questa altezza. L'indulgenza è il necessario complemento della delicatezza. Ma entrambe possono fiorire solo sulla solida base di un'assoluta lealtà che legittimi una fiducia senza riserve. Ciò che assegna un alto valore morale al sentimento dell'amore è una particolare sublimazione anche delle altre virtù che da esso normalmente scaturiscono. Non vi è lealtà senza simpatia per la persona di cui si rispetta la buona fede; non vi è generosità che non trovi il suo perfezionamento in quel perfetto dono di sé che è l'amore. Non vi è pietà verso l'esistenza totale senza l'amore come uno dei suoi elementi». (Hubert, p. 396)

Queste riflessioni di Hubert ci consentono di approfondire il discorso pedagogico.

Il sentimento dell'amore non è in verità mera espressione dell'istinto biologico della sessualità la sua fioritura dipende dalla maturazione del pensiero e della volontà. Dal punto di vista neurologico si può dire che gli impulsi emotivi che provengono dall'area limbica del cervello dovranno essere controllati e sublimati dalle aree della corteccia prefrontale quindi dalla sede della riflessione della volontà. Le pulsioni dell'area limbica diventeranno sentimento d'amore e quindi virtù grazie all'esercizio della riflessione e della consapevole volontà. I sentimenti della simpatia, della generosità, della lealtà, della indulgenza avranno proprio un valore morale proprio in quanto apertura agli altri non solo per attrazione istintiva ma per l'esercizio della volontà e della riflessione. La virtù e il sentimento dell'amore possono e devono essere educati perché educabili. Gli studiosi di neurologia del cervello ci diranno quale ruolo potranno svolgere quelle cellule neuroniche che gli esperti chiamano neuroni-specchio che sembrano costituire la condizione per la manifestazione del sentimento empatico che ci apre al mondo emotivo degli altri rispecchiandolo e facendolo percepire a noi stessi come il nostro vissuto".

Utilizzando l'espressione sentimento dell'amore saremmo portati a credere che esso sia come un gene pronto a maturarsi nel corso del tempo e a esprimersi in forme diverse nelle fasi dell'età evolutiva.

La questione merita un approfondimento quantunque il contributo di riflessione non sia esaustivo.

Il filosofo Hubert ferma l'attenzione sia sull'aspetto di educabilità del sentimento d'amore con le varie disposizioni affettive, sia sulla complessa dinamica interna dei fattori che interagiscono e alimentano e modificano il sentimento d'amore per la formazione della concezione del mondo della persona e dunque per costituzione della sua personalità.

Il filosofo scrive: «Non v'è dubbio che queste [disposizioni affettive] dipendono prima di tutto dal modo con cui si opera in lui la sintesi coscienziale; pur tuttavia gli esempi, le conversazioni, i consigli, l'abitudine alla confidenza totale, l'educazione al controllo di sé, la formazione di una volontà capace di opporsi ai movimenti volgari contribuiscono a prepararle la fioritura [del sentimento d'amore maturo]». (Hubert, p. 396)

Hubert ritiene dunque che agendo sull'aspetto della riflessione, con gli esempi e altre tecniche pedagogiche si possa aiutare i giovani a irrobustire l'autocontrollo sui sentimenti e le pulsioni varie che danno coloriture diverse alle situazioni esistenziali dei giovani.

Ovviamente il filosofo ritiene che questa azione educativa non faccia appello solo all'aspetto razionalistico o all'astratto richiamo delle virtù teoriche poste come valori.

Si potrà entrare nel mondo volitivo del giovane nella misura in cui si riesca a coinvolgere l'affettività e i bisogni fondamentali che costituiscono le fondamenta della personalità in fieri; se ne citano alcuni: saranno i bisogni di sicurezza, di condivisione di speranze, di progetti comuni per far affermare la personalità nei diversi campi della cultura, della vita pratica e della vita sociale. Saranno i bisogni di apprezzamento e stima dei pari e della società a far amare i valori che la società stessa propone come propri punti cardinali. Al centro dunque dell'azione pedagogica per far fiorire il sano sentimento dell'amore si dovrà collocare il complesso mondo dei bisogni fondamentali di cui è portatore il giovane.

Ovviamente occorre partire dai primi anni di vita del bambino per capire quanto ha deciso la genetica e quanto l'ambiente familiare sociale ha saputo contribuire per la formazione del sentimento dell'amore o ha prodotto guasti che hanno determinato storture nella costituzione della Concezione del mondo.

Frustrazioni o gratificazioni, amorevolezza o abbandoni, rigori eccessivi o deprivazioni agiscono e interagiscono nella struttura della vita emotiva e spesso il sentimento dell'amore (come bisogno primario di protezione, attenzione, affetto) viene ostacolato alimentando quel sentimento della paura che genera violenza, odio, diffidenza. È una dinamica complessa che si forma nei tempi lunghi e talvolta produce sofferenza e patologie o devianze della personalità.

Tanti, anzi moltissimi, sono gli attori intenzionali o casuali o situazioni occasionali che possono intervenire nella formazione di questo sentimento complesso che è l'amore.

È comunque pacifico affermare che tutti gli uomini hanno la predisposizione naturale a cercare l'amore come desiderio di sicurezza e affermazione di se stessi. Quando però questa predisposizione affettiva riceve l'impronta educativa dei valori il sentimento dell'amore diviene attivo e desideroso di donarsi e di riversare l'attenzione creatrice e protettiva sugli altri, sulle persone, sugli animali, sulla natura, sui prodotti della cultura, sull'universo stesso ricercando il senso del vivere e del creato.

Il vero sentimento dell'amore maturo ha dunque il versante passivo ma soprattutto potenzia il versante attivo della creazione e della protezione.

Per la maturazione di questo sentimento la bellezza ha la funzione molteplice di educare e di lasciarsi contemplare per fare elevare continuamente lo Spirito umano.

L'educazione del sentimento dell'amore ha la sua genesi nella primissima infanzia quando il piccolo ha bisogno di cure, attenzione, calore, dolcezza, protezione quando ancora non ha Coscienza di sé e del mondo ma avverte emotivamente il contesto delle attenzioni dell'ambiente e si abbandona teneramente ripagando il complesso di tante cure con il sorriso del suo benessere psico-fisico.

In questo periodo è primario il compito della famiglia e in particolare della madre che affettivamente è maggiormente dotata per offrire al bambino cure fisiche e affettive.

È interessante quanto scrive lo psicologo Daniel Goleman il quale chiarisce i sette ingredienti fondamentali della cosiddetta "intelligenza emotiva" quale capacità primaria per apprendere e strutturare una concezione del mondo nella quale il sentimento dell'amore è la chiave di volta per far maturare ogni facoltà della persona umana e dunque realizzare se stessi nel contesto armonico della società.

Gli ingredienti sono i seguenti:

1) FIDUCIA Un senso di controllo e padronanza del proprio corpo, sul proprio comportamento e sul proprio mondo; la sensazione, da parte del bambino, di avere maggiori probabilità di riuscire in ciò che intraprende di quante ne abbia invece di fallire e che comunque gli adulti lo aiuteranno.

2) CURIOSITÀ La sensazione che la scoperta sia un'attività positiva e fonte di piacere.

3) INTENZIONALITÀ Il desiderio e la capacità di essere influenti e perseveranti. Questa capacità è collegata al senso di competenza alla sensazione di essere efficaci.

4) AUTOCONTROLLO La capacità di modulare e di controllare le proprie azioni in modo appropriato all'età; un senso di controllo interiore.

5) CONNESSIONE La capacità di impegnarsi con gli altri, basata sulla sensazione di essere compresi e di comprendere gli altri.

6) CAPACITÀ DI COMUNICARE Il desiderio e la capacità di scambiare verbalmente idee, sentimenti e concetti con gli altri. Questa abilità è legata a una sensazione di fiducia negli altri e di piacere nell'impegnarsi con loro, adulti compresi.

7) CAPACITÀ DI COOPERARE «L'abilità di equilibrare le proprie esigenze con quelle degli altri in un'attività di gruppo». (Goleman, p. 230-231)

Per essere sufficientemente realistici non è facile trovare questi sette ingredienti particolarmente sviluppati nei bambini che si accingono a entrare nella vita scolastica Ma come sostiene Goleman «il fatto che un bambino arrivi al suo primo giorno di scuola con queste capacità dipende moltissimo dal fatto che i suoi genitori gli abbiano dato o meno quel tipo di attenzioni che equivalgono a un 'Eart Start' – l'equivalente, nella sfera emotiva, dei programmi 'Head Start'-». (Goleman, p. 231)

Molto probabilmente i successi o i fallimenti futuri dei giovani nella vita scolastica e sociale dipendono in gran parte proprio dalle modalità di approccio che hanno i genitori nei confronti dei loro figli fin dalla tenera età.

«Brazelton (insigne pediatra di Harvard) sostiene che i genitori devono comprendere come le loro azioni possano contribuire a generare fiducia, curiosità, piacere nell'apprendimento e nella comprensione dei limiti, tutte cose che aiutano i bambini a riuscire nella vita» (Goleman, p. 229).

Un significativo documento di National Center for Clinical Infant Programs afferma che «spie efficaci del successo scolastico non sono il patrimonio nozionistico o l'abilità precoce nella lettura, quanto piuttosto la misura di capacità emotive e sociali; essere sicuri di sé e interessati; sapere quale tipo di comportamento ci si aspetta da noi e come trattenersi dall'impulso di comportarsi male; essere capaci di aspettare, di seguire istruzioni, e di rivolgersi agli insegnanti per chiedere aiuto ed esprimere le proprie esigenze pur andando d'accordo con altri bambini». (Goleman, p. 230)

Sono dunque le capacità emotive e sociali che decideranno le diverse personalità e quindi la formazione della concezione del mondo e del carattere di ogni persona.

capitolo 21

GLI OSTACOLI AL SANO SVILUPPO DEL SENTIMENTO DELL'AMORE

Non tutti i bambini avranno purtroppo un percorso educativo all'insegna della fiducia, della protezione e dell'amore dei genitori e dei diversi contesti della società.

Quali saranno le conseguenze anche a lungo termine delle gravi frustrazioni, deprivazioni, maltrattamenti, abbandoni?

Sperimentazioni e osservazioni sul comportamento dei bambini maltrattati danno la risposta chiara e immediata e cioè che i maltrattamenti agiscono sul piano neurologico ed estinguono l'empatia.

Goleman riferisce alcuni comportamenti di bambini maltrattati dai genitori. In particolare si riporta il comportamento di un bambino dell'asilo nido un certo Martin dell'età di due anni e mezzo.

Martin inavvertitamente sfiora una bambina coetanea la quale reagisce con un pianto ininterrotto. A questo pianto Martin interviene prima rimproverandola, poi carezzandola ma alla fine diviene violento e la tempesta di pugni.

Scrive Goleman: «Lo squallore morale mostrato da Martin in luogo dell'empatia è tipico di altri bambini come lui, che portano già alla loro tenera età, le cicatrici di gravi maltrattamenti, fisici e psicologici inferti loro in famiglia [...]. I bambini maltrattati venivano confrontati con altri nove piccini che frequentavano il nido e che, provenendo anch'essi da ambienti familiari meschini e caratterizzati da alta tensione, non venivano però maltrattati fisicamente [...]. Nel corso di 23 di tali episodi [Quando un bambino si fa male o a turbato] cinque bambini su nove nel gruppo di quelli non maltrattati risposero alla sofferenza di un compagno mostrando preoccupazione, tristezza empatia. Ma nei 27 casi in cui i bambini maltrattati avrebbero potuto fare altrettanto, nessuno di loro mostrò la minima preoccupazione; piuttosto essi reagirono al pianto del loro coetaneo con espressioni di paura, con la collera o, come Martin, con l'attacco fisico [...]. Questi bambini maltrattati trattano gli altri come sono stati trattati essi stessi". (Goleman, p. 235)

Ma quali potrebbero essere le conseguenze future di questi bambini quando saranno più grandi?

Nella vita, questi soggetti hanno, come gruppo, una maggiore probabilità di avere difficoltà cognitive nell'apprendimento, di essere aggressivi e di non incontrare la simpatia dei loro coetanei (il che non dovrebbe meravigliare, se la durezza che mostrano ai tempi dell'asilo è un segno premonitore del loro carattere futuro); questi soggetti sono anche più vulnerabili alla depressione, e, da adulti hanno maggiore probabilità di avere problemi con la legge e di commettere crimini violenti". (Goleman par.236)

È chiaro dunque che il maltrattamento che i bambini subiscono scatena reazioni emotive negative e comportamenti aggressivi: le violenze subite, la paura come reazione, l'aggressività come risposta hanno tutte il potere di inibire comportamenti di tolleranza, di compassione, di simpatia con gli altri. In definitiva si inibisce quel sentimento della condivisione e della immedesimazione determinata dai neuroni specchio: si inibisce la empatia con il prossimo.

È dimostrato che la brutalità con cui ci si rapporta con i bambini e viceversa l'amorevolezza e la tolleranza come modalità di rapporto con i minori lasciano segni talvolta indelebili.

Goleman sottolinea come i traumi educativi fisici e psichici lasciano un segno duraturo sul cervello.

Lo studio dei circuiti cerebrali spiega i meccanismi elettrochimici che si attivano nelle aree del cervello per effetto di queste ripetute esperienze traumatiche causate dalle percosse e maltrattamenti che i fanciulli subiscono.

La paura come emozione scatenata da maltrattamenti necessariamente provoca risposta di frustrazione e genera meccanismi di natura neurologica soprattutto nelle aree del cervello del sistema limbico.

ALTERAZIONI DA PAURA

«I sintomi della paura si spiegano considerando le alterazioni che hanno luogo nei circuiti del sistema limbico concentrati in modo particolare nella amigdala. Alcune delle alterazioni più importanti hanno luogo nel Locus ceruleus, una struttura che regola la secrezione cerebrale delle catecolamine, ossia dell'adrenalina e della noradrenalina. Questi due neurotrasmettitori mobilitano l'organismo preparandolo all'emergenza; queste stesse sostanze fanno sì che i ricordi si imprimano nella memoria con particolare e intensità [...]. Il Locus ceruleus e l'amigdala sono in stretto collegamento fra loro e con altre strutture del sistema limbico, come l'ippocampo e l'ipotalamo; i circuiti catecolaminergici si estendono poi nella corteccia. Si ritiene che alla base di sintomi del PTSD [disturbo da stress post-traumatico] (che comprendono ansia paura iper vigilanza inclinazione al turbamento e a uno stato di attivazione, prontezza al combattimento o alla fuga e l'indelebile memoria di intensi ricordi di emotività) ci siamo alcune alterazioni di questi circuiti [...]. Il cervello dei soggetti con ptsd subisce alterazioni permanenti caratterizzate da uno scarso controllo sulla secrezione di catecolamina. Altre modificazioni hanno luogo nel circuito che collega il sistema limbico alla ghiandola pituitaria, una struttura che regola la liberazione del CRF, ossia del principale ormone dello stress secreto dall'organismo per innescare la risposta di combattimento o di fuga. Le alterazioni della pituitaria portano a una ipersecrezione di questo ormone soprattutto nella amigdala, nell'ippocampo e nel Locus ceruleus che mette l'organismo in uno stato di allerta scatenato da un'emergenza che in realtà non esiste [...]. Le persone con ipersecrezione del CRF hanno un'eccessiva tendenza a trasalire». (Goleman, p. 243)

In effetti l'ipersecrezione di questo ormone chiamato corticotropina abbreviato in CRH produce effetti psicofisici intensi: «cominci a sudare, sei terrorizzato, tremi e rabbrividisci, forse hai dei flashback». Come scrive Goleman, «le persone hanno un'eccessiva tendenza a trasalire per effetto di questo stress scolpito in memoria. C'è comunque una terza serie di alterazioni che avviene a livello del sistema degli oppiacei, ossia nelle strutture che secernono le endorfine per attutire la sensazione del dolore: anch'esso diventa iperattivo». (Goleman, p. 243).

Ma quali sarebbero le conseguenze di questa ulteriore alterazione che è prodotta appunto in coloro che hanno subito traumi e stress da paura cioè gli effetti da PTSD? Oltre alle conseguenze già segnalate i pazienti subiscono anche l'ottundimento dei sentimenti: «Questo spiega una serie di sintomi psicologici-negativi da lungo tempo osservati nel PTSD cioè l'anedonia [l'incapacità di provare piacere] in generale torpore emozionale, la sensazione di essere tagliati fuori dalla vita e di non provare interesse per i sentimenti degli altri. Chi sta vicino a questi pazienti può sperimentare la loro indifferenza come una mancanza di empatia». (Goleman, p. 244).

Alla luce di queste conoscenze relative ai circuiti neurali e alle conseguenze emotive e comportamentali prodotte dalle alterazioni causate da eventi traumatici, situazioni di intensa paura, maltrattamenti, insomma quando siamo in presenza di disturbi da stress post-traumatico si comprende facilmente come il sentimento dell'amore possa essere compromesso e come l'ottundimento della empatia unito alle cariche dell'aggressività e della percezione costante di essere minacciati possano generare il sentimento dell'odio verso gli altri e verso se stessi. Queste riflessioni aprono il grande compito dei disturbi della personalità e delle patologie di diversa natura e intensità.

Queste conoscenze relative al funzionamento dei circuiti neuronici del cervello e le osservazioni delle conseguenze nefaste di esperienze traumatiche che generano PTSD (ivi compresi i maltrattamenti sui minori o le intense frustrazioni ai bisogni fondamentali quali la sicurezza o l'autostima o la sopravvivenza) potrebbero indurci a un atteggiamento pessimistico circa la possibilità di aiutare questi soggetti a ritrovare un equilibrio emotivo tale da consentire loro una qualche rieducazione o come dice Goleman un «riapprendere reazioni emotive normali».

RIEDUCARE E RI-APPRENDERE LE REAZIONI EMOTIVE NORMALI

Ci sono diverse modalità per aiutare i pazienti a tenere sotto controllo questo eccesso di ipersensibilità e reattività del sistema limbico che tiene in costante stato di allerta il cervello con conseguenze aggressive e comunque con risposte emotive non adeguate alle situazioni reali che esigono maggiore serenità e rapporti non conflittuali.

Come è stato già detto i disturbi da stress traumatici ma anche quelli più lievi diminuiscono quel sentimento di empatia che favorisce la tolleranza e la comprensione degli altri.

La psichiatra dell'università di Harvard Judith Lewis Herman «ha indicato i passaggi principali nella guarigione da un trauma. Herman riconosce tre stadi: la conquista di un senso di sicurezza, il ricordo dei dettagli e il dolore per la perdita che esso ha comportato e infine il ripristino di una vita normale». (Goleman, p. 248)

L'approfondimento del problema per il ritorno a una normalità comportamentale ci porterebbe lontano dal nostro obiettivo prettamente didattico pedagogico il quale però esige la nostra attenzione sulla necessità di conoscenza e di aiuto per i giovani che hanno subito maltrattamenti fisici o psichici e avranno problemi relazionali ma anche di apprendimento o di organizzazione e formazione della loro concezione del mondo e della personalità".

Nelle situazioni di gravità saranno necessari gli interventi di specialisti nel campo della psichiatria e della psicologia ma per tutti i giovani in età evolutiva è però doveroso porre come obiettivo didattico educativo primario il raggiungimento o meglio la conquista del "senso di sicurezza" che costituisce la condizione primaria per la vera formazione della personalità.

Tutti gli operatori nel campo della educazione si dovranno far carico di comprendere il mondo pregresso dei giovani, capire i punti di forza del potenziale formativo di ogni giovane, offrire a ognuno le opportunità e le esperienze necessarie per far maturare i talenti e le attitudini disponibili.

Il tragitto è decisamente lungo e difficile tuttavia nessuno obiettivo veramente formativo può essere raggiunto senza intraprendere un percorso educativo che preveda la maturazione del sentimento dell'amore e della bellezza.

Per il filosofo dell'educazione René Hubert il raggiungimento della sintesi totale (che dovrà effettuare la Coscienza) sì otterrà quando si acquista il sentimento della bellezza e ci si potrà aprire al sentimento dell'amore. In conclusione l'attività didattica del docente a favore dei giovani sarà efficace se si conosce il loro mondo affettivo, e se si favorisce lo sviluppo di quelle cariche emotive positive che facilitano i rapporti umani e dunque la socializzazione e anche i processi di apprendimento e ogni altra attività umana.

Scendendo sul piano dell'azione didattica e quindi cercando di operare efficacemente per lo sviluppo della personalità è doveroso chiedersi come intervenire affinché tutti i giovani possano raggiungere un sufficiente grado di sicurezza premessa indispensabile sia per aiutare i ragazzi difficili (che in certa misura hanno sperimentato i disturbi da stress anche traumatico) ma anche ovviamente tutti gli altri che non sono affetti dal cosiddetto PTSD.

Anche i ragazzi normali soffrono per il turbamento fisiologico nell'età evolutiva e nell'adolescenza in particolare sono proprio alla ricerca di modelli, valori ed esperienze che possano garantire il raggiungimento della sicurezza.

La maturazione di questo sentimento richiede interventi molteplici e collaborazioni di molti soggetti allo scopo di incrementare l'autostima con successi e gratificazioni; inoltre offrire esperienze di socializzazione facendo leva sull'empatia; sperimentando rapporti umani che privilegino l'affettività, l'accettazione, la collaborazione, offrire attività culturali che educhino ai valori universali e facciano scoprire la bellezza della poesia, del canto, dell'arte, della letteratura, delle attività pratiche, delle espressioni coreografiche teatrali; offrire inoltre occasioni di riflessione sul significato della vita e sulla necessità di cercare la protezione della divinità.

Si potrebbe inoltre potenziare le esperienze ludiche creative, proporre atti teatrali che consentano sia di far luce sul proprio vissuto sia di educare i giovani e cercare anche in se stessi energie per affrontare la società.

La partecipazione ai riti sociali, alle feste agli eventi musicali, sportivi eccetera costituisce ancora una modalità per far irrobustire nei giovani il sentimento della sicurezza e far diminuire l'eccitabilità emotiva per tutti. In conclusione le esperienze didattico-educative che alimentano il sentimento di sicurezza e la autostima dei giovani devono necessariamente essere nutrite dal sentimento dell'amore e dalla bellezza.

Probabilmente è difficile stabilire una gerarchia tra questi sentimenti perché: amore, bellezza, sicurezza interagiscono e crescono in maniera armonica e convergente.

capitolo 22

LA BELLEZZA: MAIEUTICA DEL SENTIMENTO DELL'AMORE E DEL DIVINO

"È una bella notte d'estate, c'è una festa in campagna. Un ragazzo e una ragazza si allontanano dal gruppo. L'aria è tiepida, una luna splendente illumina la valle, una grande Magnolia disegna il profilo contro il chiarore del cielo che accende grandi fiori bianchi fra le sue foglie.

I ragazzi da tempo si corteggiano, ma quella sera, ballando, si sono guardati in un modo diverso. Dentro le loro teste molte fibre partenti dagli occhi hanno segnalato alla corteccia la perfezione delle linee dei loro visi, coinvolgendoli in un sentimento di gioia che ha attivato l'amigdala e aumentato la loro emotività.

Scariche di dopamina e ossitocina i neurotrasmettitori del piacere e dell'innamoramento, hanno inondato le sinapsi; e la corteccia prefrontale che cercava di resistere ai loro desideri ha cominciato a cedere.

Nel frattempo l'ippocampo, la porta della memoria ha fissato tutto intensamente, perché intenso era coinvolgimento emotivo dei due giovani.

Uno accanto all'altro, in quella notte magica guardano attenti la meraviglia della luna d'argento, mentre il profumo della magnolia lentamente li avvolge.

Il canto delle cicale e il fruscio del vento tra le foglie completano la magia di quel momento [...].

In silenzio l'ippocampo riceve tutto e spedisce le diverse sensazioni, sotto forma di catene sinaptiche alle zone deputate alla loro conservazione, nelle sedi dalle memorie fisse, come libri negli scaffali, diversi a seconda delle diverse sensazioni da conservare:

a) la corteccia occipitale si occupa di conservare la bellezza del cielo e del viso della ragazza

b) quella temporale il fruscio del vento e il canto delle cicale

c) la corteccia olfattiva il tenue penetrante dolce profumo della Magnolia.

E ogni singolo frammento della memoria di quella notte resta connesso agli altri per mezzo di fili che l'ippocampo conserva nelle sue reti, per raccoglierli al momento giusto, se mai ce ne sarà bisogno". (Maira pp.155-156)

Il neurochirurgo Maira descrive anche quei processi neuronici che permettono di conservare e anzi far rivivere nel futuro quelle stesse emozioni che così bene spiegano la interazione tra l'amore e la bellezza, chiariscono poeticamente oltre che scientificamente come la bellezza (esterna, oggettiva) solleciti i neurotrasmettitori a far vivere le emozioni della piacevolezza, dell'abbandono e della contemplazione quasi estetica della natura e della perfezione di tutto il creato.

Queste emozioni rimangono sedimentate nell'ippocampo e dopo tanto tempo, come scrive Maira, «partendo da un profumo di magnolia tutto torna alla mente: lo scintillare della luna, il fruscio del vento e, soprattutto, l'emozione provata...». (p. 157)

Dal racconto poetico e scientifico del professor Maira possiamo trarre l'osservazione che il contesto ambientale della situazione descritta è ricco di stimoli sensoriali provenienti da entità visive, olfattive, uditive decisamente belle. Le sensazioni però vengono accolte da mondi psicologici che hanno l'attitudine a lasciarsi suggestionare da questa bellezza esterna.

Questa semplice constatazione apre però una questione filosofica che è oggetto di trattazione del filosofo Dietrich von Hildebrand e cioè la bellezza è un puro fatto psicologico oppure è una entità ontologica esterna piena della sua inseità?"

La questione, come già è stato detto, è stata esaminata a proposito del relativismo ontologico. Scrive infatti Von Hildebrand: «Sono pertanto prive di qualsiasi serio interesse tutte le analisi della bellezza che partono da questo relativismo assiologico e che con la proposizione apparentemente corretta (la bellezza è un valore) intendono solo che essa sarebbe perciò relativa, come tutti i valori e costituirebbe un mero prodotto dei nostri impulsi emozionali». (Von Hildebrand, p. 63-64).

In conclusione la bellezza non è un mero prodotto psicologico è piuttosto una datità oggettiva con forte carica maieutica sulla anima umana che riscontriamo sia nel mondo sensibile (dell'invisibile e dell'udibile) sia nel mondo metafisico delle Virtù astratte e dei valori ritenuti come enti spirituali di "significatività in sé".

Per Von Hildebrand "tutti gli alti valori posseggono una bellezza specifica, tutti i disvalori una determinata bruttezza" [...] "impurità, superbia, mondanità sono specificamente brutte";

"alle virtù della purezza, dell'umiltà, della sincerità è peculiare una determinata bellezza".

Il filosofo sottolinea che i valori morali non hanno la "significatività in sé con l'apprezzamento del soggetto ma irradiano una particolare bellezza che non appartiene al mondo del sensibile bensì alla sfera metafisica spirituale".

Una paideia fondata sulla Educazioni Estetica prevede dunque un approccio totale alla problematica della educazione integrale della personalità.

LA BELLEZZA CI CONDUCE AL SENTIMENTO DELL'AMORE E AL DESIDERIO DI DIO

L'itinerario pedagogico deve aiutare ogni giovane a raggiungere un grado ragionevole di sicurezza per affrontare i difficili e imprevedibili momenti della vita nel suo arco evolutivo.

La sicurezza non si ottiene solamente con la garanzia che saranno soddisfatti i bisogni fisiologici vitali: l'uomo non si appaga solamente nel "vivere come bruti" per ricordare ancora Dante Alighieri. Il suo mondo spirituale lo spinge verso un futuro di conquiste spirituali dove i valori universali danno il senso profondo della vita: altruismo, conoscenza, bellezza, senso del tutto e anelito al divino sono altrettanti bisogni che urgono e sospingono l'uomo verso il futuro.

Ancora una volta si sottolinea la necessità di aiutare i giovani a effettuare quella sintesi totale, quella concezione del mondo che garantisca loro l'effettiva manifestazione e realizzazione della personalità.

Scrive il filosofo René Hubert: «Acquistare il sentimento della

Bellezza, aprirsi a quello dell'amore sono le tappe più vicine alla Sintesi Totale giacché nell'uno e nell'altro sentimento è interessata la totalità della Coscienza». (Hubert, p. 396)

Nella sintesi totale o concezione del mondo che la Coscienza si viene edificando per tutta la vita, acquisterà spessore sempre maggiore il desiderio di cercare le risposte al mistero della vita e del creato e si affaccerà il bisogno di cercare il senso dell'infinito e il bisogno esistenziale di un approdo definitivo. Solo con questo approdo si potrà raggiungere effettivamente l'obiettivo della sicurezza sia per ancorare il tormento del vivere quotidiano sia per trovare le energie e superare gli ostacoli e le sconfitte nei momenti critici della vita come dice il filosofo esistenziale Jasper.

Scrive Hubert: «L'educazione religiosa deve mirare, come ogni educazione a permettere all'uomo di crearsi quella visione personale dell'esistenza in cui si completa l'affermazione della sua personalità e la definizione del suo carattere». (Hubert, p. 400).

L'efficacissima sintesi del complesso itinerario didattico-pedagogico che bisogna compiere per favorire lo sviluppo integrale della personalità dei giovani è indicata dal filosofo Hubert:

REQUISITI

1) L'entusiasmo che porta a cogliere nelle cose la bellezza che le unisce alle aspirazioni soggettive della Coscienza

2) L'amore con cui l'uomo si protende verso gli altri esseri

3) L'ottimismo della Pietà, che unisce alla gratitudine, per quanto le cose manifestano della loro prima essenza spirituale

4) La simpatia con cui l'essere afferma (identica a quella degli altri esseri) la sua natura e il suo fine.

«Sono tutte forme queste del carattere perché sono atteggiamenti di fronte alla vita, filosofie dell'esistenza» (Hubert,

p. 400-401)

Non tutti però raggiungono una Sintesi Totale di affettività e conoscenze con quelle caratteristiche positive che permettono di realizzare la maturazione più ampia ed equilibrata della personalità.

Purtroppo dobbiamo registrare sconfitte educative e comportamenti disturbati quando il carattere si struttura con sentimenti negativi: «Così sono forme di carattere» scrive Hubert «il disprezzo che scopre il male e la bruttezza delle cose, l'odio che è Coscienza e quindi volontà di male al fondo dell'essere stesso, come il pessimismo che lo pone alla radice di tutta l'esistenza; l'ingratitudine, infine, che allo slancio della Bellezza rifiuta di corrispondere con uno slancio d'amore". (Hubert pp. 400-401)

È bene chiarire che i sentimenti negativi e distruttivi che spesso strutturano il carattere ed entrano nel tessuto della concezione del mondo condizionando negativamente le condotte delle persone, non sono un destino necessario, cioè non esiste una predestinazione al male e non esiste un male ontologico quasi una sostanza negativa come pensavano i filosofi Manichei esistono piuttosto bisogni naturali fisiologici e spirituali che esigono di essere soddisfatti ed esistono inoltre condizionamenti ambientali e attori sociali culturali che agiscono con interventi non sempre favorevoli alle necessità educative.

Il complesso delle relazioni con la famiglia, la società, l'ambiente fisico e poi le condizioni di salute, altri fattori anche quelli genetici interagiscono nei giovani i quali ricevono ora gratificazioni ora frustrazioni.

Questo intricato mondo di domande e bisogni dell'educando è stato analizzato e compreso in gran parte grazie agli studi e ricerche delle neuroscienze che hanno messo in evidenza i meccanismi del cervello con le funzioni che svolgono le diverse aree cerebrali e in particolare quella limbica preposta alle risposte emotive di amore, simpatia, rifiuto, paura, aggressività.

Certamente potremmo dire che i disturbi già studiati indicati con la sigla PTSD, cioè disturbi da stress post-traumatico generato ad esempio dai maltrattamenti o da deprivazioni e altre frustrazioni porteranno conseguenze nefaste sul carattere e pertanto potrebbero generare quei sentimenti di odio, anche aggressività, dissociazione della personalità disturbi del carattere più o meno severi.

Per tutti vale l'indicazione didattica che è necessario intervenire per far crescere in tutti il sentimento della speranza e la possibilità di arrivare alla condizione psicologica della sicurezza per realizzare la propria personalità.

Il filosofo dell'educazione René Hubert ribadisce ancora una volta che i sentimenti della bellezza e dell'amore sono la strada maestra per favorire lo sviluppo armonico della personalità, per far maturare il carattere che conduca alla felicità possibile e offra il contributo per affrontare il complesso problema del significato ultimo della vita e ci apra al senso del Divino partendo dal sentimento della pietà.

Dalle ricerche delle neuroscienze alle ricerche del campo psicologico e alle riflessioni filosofiche possiamo trarre motivo per affermare che la paideia fondata sul primato della Educazione Estetica (in senso ampio) favorisce in tutti gli studenti i sentimenti di simpatia e di amore non solo per i diversi campi dello studio ma anche per la maturazione dei sentimenti positivi di carattere etico-morale.

Come scrive Von Hildebrand, il sentimento del bello e l'esperienza della Bellezza conduce a Dio. Dietrich von Hildebrand sintetizza in questa efficace frase e gli effetti quasi miracolosi che l'esperienza della Bellezza produce sull'animo umano: «La bellezza ci invita alla trascendenza, ci conduce al cospetto di Dio e persino nelle cose belle più modeste ci libera dalla prigione dei nostri interessi egoistici sciogliendo i nostri cuori, ci scampa- sia pure per breve tempo- dallo spasimo di passioni selvagge».

Il primato della educazione estetica è legittimato proprio dagli effetti straordinari che produce la Bellezza per educare il sentimento dell'amore fraterno e universale, sia per aprirci alle problematiche della religione, sia per educarci all'etica morale e anche per ritrovare nella propria Coscienza gli spazi della contemplazione e della serenità imbrigliando o meglio moderando le passioni selvagge.

capitolo 23

MOMENTI DI DIDATTICA DELLA BELLEZZA

Una ipotesi di approccio alla bellezza esige un doppio percorso educativo sia quello diretto a scoprire e a contemplare e poi ad amare le forme di bellezza ontologica che esistono nella realtà naturale, in quella artistico culturale e in quella etica metafisica e morale; sia quello di far maturare in ogni studente la sensibilità estetica facendo leva sul patrimonio genetico e sullo studio del bello totale diffuso.

La fruizione e la produzione estetica cono le direttrici principali della paideia fondata sulla educazione estetica.

Tutti noi abbiamo esperienza e memoria di momenti di gioia o di tristezza o di ammirazione negli incontri più o meno intenzionali o approfonditi con i mondi della cultura architettonica, musicale, letteraria, sia artistica o coreografica o pratica e tecnica e così via.

L'educazione intenzionale fondata sulla Estetica esige una attenzione analitica di studio e di esperienze su tutti i mondi dai quali promana la bellezza dovunque essa sia: ambientale culturale, etico morale.

Modelli ed esempi per queste modalità di approccio e di scoperta della bellezza ne abbiamo in gran quantità nello studio dell'Estetica del filosofo Dietrich von Hildebrand.

Alcune citazioni e considerazioni ci dovrebbero invitare a cercare delle nuove strategie didattiche per rendere concreta e feconda la linea pedagogica fondata sulla Educazione Estetica.

Il bandolo per intraprendere questo affascinante percorso di scoperta della bellezza lo indica il filosofo Von Hildebrand: «intendiamo ora rivolgerci innanzitutto al primo tipo di portatori della bellezza nella natura e nella cultura». (Von Hildebrand, p. 315)

Il filosofo con questa introduzione si avventura in un percorso lungo e affascinante esplorando ogni aspetto della bellezza oggettiva che è nella realtà o nel mondo metafisico delle Virtù o nel mondo ricchissimo delle produzioni culturali dello Spirito umano.

Noi vorremmo non dimenticare che l'esplorazione della Bellezza dispiegata nel mondo della realtà naturale e della cultura deve essere funzionale agli obiettivi educativi affinché ogni giovane abbia l'opportunità di realizzare tutte le sue potenzialità di sviluppo.

Per questa finalità dobbiamo precisare quali siano e quali debbano essere gli orientamenti fondamentali della vita spirituale, affinché i docenti sappiano operare l'approccio didattico appropriato quando la bellezza, nella sua articolazione e complessità, venga presa come oggetto di studio e anzi come strumento primario per far maturare la personalità umana e quindi il carattere.

Il filosofo Eustachio Paolo Lamanna chiarisce gli orientamenti e le funzioni che svolge lo Spirito umano nel suo essere dinamico.

"Gli orientamenti o funzioni o atteggiamenti della Coscienza sono tre: la funzione conoscitiva, la funzione pratica e la funzione fantastica.

Con la prima il soggetto intende apprendere l'oggetto per quello che è, e in rapporto a esso qualifica i suoi atti come veri o falsi: attribuisce cioè alle sue rappresentazioni o idee tanto maggior valore, quanto più esse ritraggono e significano le cose quali sono.

Nella funzione pratica invece il soggetto riferisce l'oggetto a un suo bisogno o fine, per trasformare la realtà in conformità di questo bisogno o fine, appropriandosene se è favorevole adesso, se cioè risulta buono per lui, rimuovendolo da sé qualora a esso contrario, cioè risulti per lui un male.

Infine la funzione fantastica consiste nell'organizzare immagini o rappresentazioni a cui l'io non attribuisce valore se non in quanto esse esprimano o significano un oggetto che esiste solo perché è "immaginato" perché la fantasia lo finge cioè lo costruisce, lo crea e fingendolo lo vagheggia e lo presenta a se stessa e nel vagheggiarlo trova un compiacimento che non ha nulla di pratico cioè di rispondente a un interesse estraneo, a un interesse che sia altro da quello dello stesso fantasticare, della stessa attività creatrice o contemplatrice dello oggetto". (Lamanna pp.16-17)

La classificazione, forse eccessivamente sintetica e riduttiva, delle funzioni dello Spirito umano è utile comunque per comprendere che nonostante i diversi atteggiamenti della Coscienza e le diverse finalità che orientano l'impegno dell'uomo vuoi nella direzione del conoscere, vuoi nella direzione del fare e dell'agire sulla realtà, vuoi nella direzione del creare entità fantastiche; esiste una compenetrazione di questi tre atteggiamenti dell'anima umana: pensiero, azione, fantasia creativa si condizionano, si alimentano, prendono direzioni e sviluppo più o meno intenso e annotano gli aspetti dominanti delle diverse coscienze.

Per quanto riguarda la funzione fantastica il filosofo Lamanna scrive: «Anche la fantasia non è da considerare qualcosa di 'isolabile' dal pensiero teorico e dall'azione pratica: non solo il pensiero e l'azione alimentano la fantasia (che da essi soltanto può attingere materia per la sua attività plasmatrice di nuove forme di bellezza) ma quel che più importa, anche le forme di bellezza che l'artista dona all'umanità hanno per lui e per quanti rivivono in sé la loro opera, un valore di verità che è indisgiungibile dal loro valore estetico». (Lamanna, p. 19)

Questa interazione delle tre funzioni non inficiano tuttavia il diritto primario e l'essenza stessa della realtà artistica cioè l'autonomia: «Ma anche qui» scrive Lamanna «la reciproca compenetrazione del valore estetico col valore conoscitivo e col valore morale non sopprime l'autonomia di quello rispetto a questi: perché solo in quanto la fantasia si dispiega conforme a quella che è la legge ideale del suo funzionamento (senza la preoccupazione di asservirsi a un vero o a un bene a essa estranei), essa si realizza come attività rivelatrice di quella realtà che è 'il sentimento' dell'artista e come attività morale e moralizzatrice». (Lamanna, p. 19)

La bellezza ontologica dispiegata nella Natura e anche espressa dalla Cultura e dunque dagli artisti dovrà essere non solo contemplata ma dovrà nutrire tutte le altre dimensioni dello Spirito perché la bellezza parla in primo luogo al mondo dei sentimenti e sollecita emozioni e stati d'animo che esigono poi il momento della analisi intellettiva e anche il momento dell'operatività fino a sollecitare l'ulteriore produzione dell'ingegno creativo nell'esercizio delle facoltà fantastiche dello Spirito. Su questi binari di Metodologia e didattica si potrebbero collocare alcune rappresentazioni della Bellezza evocata dalle descrizioni dell'estetica del filosofo Dietrich von Hildebrand.

La descrizione di alcuni aspetti della natura si sofferma su elementi che non solo danno corpo alla ontologia della bellezza ma evocano emozioni e riflessioni fortemente stimolanti per la facoltà e la funzione conoscitiva della Coscienza ma anche per la riflessione metafisica e per la creatività artistica dello studente che potrebbe a sua volta produrre nuova cultura alimentata dal suo mondo degli affetti e dalla riflessione razionale.

Uno di questi quadri di rappresentazione della bellezza della natura ha come tema: il firmamento.

«Al primo posto va nominato il firmamento del cielo» dice Von Hildebrand «che si inarca su di noi».

Già la forma onnicomprensiva della volta celeste è portatrice di una bellezza schietta. Qui incontriamo la bellezza della vastità in opposizione all'angustia, all'oppressione di una prigione, la bellezza della libertà la maestà dell'onnicomprensività.

A ciò si aggiunge l'arci-fenomeno del "Sopra" «dell'illimitato estendersi oltre sé in cui prende visibilmente corpo una categoria originaria che percorre in maniera analogica tutte le sfere di tipo spirituale». (Von Hildebrand, pp. 315-316)

Il filosofo approfondisce questa compenetrazione evocativa del momento contemplativo con il momento riflessivo che conduce alla percezione ideale dello spazio infinito e che nella suggestione dell'anima ci conduce alla riflessione metafisica dell'infinito, del mistero, delle divinità.

Il percorso didattico educativo prevede il passaggio dalla bellezza fisica alla bellezza metafisica attraverso l'impegno della Ragione in un continuo ritorno dalla emozione e dalla esperienza sensoriale alle riflessioni metafisiche con le nuove contemplazioni estetiche della bellezza metafisica che il filosofo definisce la bellezza di seconda Potenza.

Da questi rimandi alle sensazioni, alle emozioni e poi alle più lucide riflessioni filosofiche scaturiscono prodotti culturali artistici poetici, religiosi, architettonici.

È interessante e chiarificatore del passaggio dalla emozione estetica alla produzione culturale questo poetico passo dell'opera del filosofo: «E poi la notte! Anch'essa ha la sua specifica dignità. Abbiamo già parlato della misteriosa grandezza solenne del cielo stellato e accennato alla particolare poesia della luna e del suo splendore... Pensiamo solo alla Bellezza che Goethe riversa in maniera così unica nelle sue poesie alla luna! [...] Siamo condotti in modo straordinario davanti alla poesia della Luna nella natura, al suo incanto silente, mite, contemplativo. La mitologia greca personifica tutti questi elementi originari della bellezza della natura, mettendone così in rilievo la specifica poesia, il carattere particolare [...]. La notte ha anche una peculiarissima solennità per via del silenzio, della cessazione del flusso dell'attività per via della quiete contemplativa che si diffonde su ogni cosa. Nella notte è insita una grande serietà». (Von Hildebrand, pp.320-321)

Con animo perturbato e commosso, direbbe il filosofo Giambattista Vico ci sì pone in ascolto in ammirazione, in contemplazione quasi mistica dei fenomeni della natura e ci si lascia trasportare dal fascino e dai richiami anche mistici di alcuni paesaggi della natura per poi leggere dentro le nostre emozioni e cercare i simboli culturali per far vibrare in sintonia con la natura il nostro sentimento creativo e come direbbe Dante Alighieri " a quel moto io vo significando ". Non solo con le parole, ma anche con la musica, con il disegno, con la danza, con le produzioni architettoniche così come bene è stato fatto con le cattedrali gotiche.

Decisamente tutte le facoltà dello Spirito umano sono stimolate a produrre, a creare, a pensare in termini di categorie intellettive o in termini di categorie estetiche del bello o in termini di categorie di attività pratica e così via. Ci sono una infinità di stimoli per far maturare la personalità dei giovani partendo dalle fonti della bellezza sia della natura e anche della cultura. Nello stesso modo con il piacere della bellezza si educano le Virtù morali quali la solidarietà, l'onestà, la comprensione degli altri o la condanna di disvalori morali.

Scrive il filosofo Von Hildebrand: «La malvagità sconvolgente di *Macbeth* è un co-portatore di grandiosi valori artistici. Certo, la bruttezza metafisica del malvagio non smette di essere brutta; ma mentre è ripugnante e rivoltante se la incontriamo in un uomo reale, nel dramma invece, grazie alla trasposizione e in questa entità completamente nuova, diventa il portatore di una bellezza anche grandiosa [...]. La raffigurazione artistica implica una distanza del tutto particolare dal raffigurato c'è un abisso tra l'uomo malvagio che incontriamo nella realtà e una figura come Macbeth o Riccardo III». (Von Hildebrand, pp. 805-806)

Tra le fonti della Bellezza alle quali attingere per un progetto educativo che permetta lo sviluppo di tutte le funzioni principali dello Spirito umano dovremo necessariamente collocare due Mondi culturali che emanano bellezza ontologica cioè la musica, (i suoni, i silenzi) e poi il mondo dell'arte visuale e plastica.

L'apprensione di questa bellezza è fonte di risposte emotive che in maniera privilegiata attivano risposte non solo di contemplazione e ammirazione ma sicuramente desideri di emulazione mettendo in modo le volontà e l'intelligenza sia per comprendere messaggi e tecniche poi per contestualizzare nell'ambito storico-sociale e quindi per emulare creando imitazione.

L'importanza formativa delle esperienze musicali viene suggerita dal filosofo Von Hildebrand: «La musica non è un'arte imitativa. [...]. Ha una sua dimensione espressiva di stati d'animo della gioia, del dolore, della vita traboccante, del mondo sacro, del raccoglimento ecc. Si pensa poi alla riproduzione di fenomeni naturali come i temporali, lo sciabordare del ruscello, il cinguettare degli uccelli. [...]. In musica, dunque, esistono molte più relazioni con l'imitazione che in architettura che è essa stessa realtà. La musica si caratterizza perché, da un lato ha una relazione particolarmente diretta col mondo dei sensi, dall'altro è la più spirituale di tutte le arti. Nella pittura, tra l'impressione sensibile visiva e l'apprensione del contenuto artistico ci sono ancora altri gradi [...] per la musica invece la via dello udito [...] al contenuto artistico è molto più diretta [...]. Naturalmente in tutte le arti l'apprensione del contenuto artistico, della bellezza della singola opera d'arte, è un tipo particolare di atto puramente spirituale. Esso presuppone un determinato organo che non necessariamente deve essere posseduto da tutti coloro che intendono a prendere l'opera d'arte e addirittura la conoscono bene». (Von Hildebrand, pp. 827-828)

Tra le esperienze culturali maggiormente efficaci per l'incontro con la bellezza sia per la contemplazione sia per sollecitare l'azione o per evocare stati d'animo e rivivere mondi vicini e lontani, la musica occupa un punto privilegiato.

La musica può anche svolgere il ruolo che in maniera più

pregnante svolge l'arte pittorica e plastica cioè la raffigurazione.

«In musica questa raffigurazione, ha un carattere totalmente diverso che nell'arte figurativa. La musica può esprimere non solo i comportamenti e vissuti dei personaggi del dramma per esempio l'odio di Pizarro, l'amore e la fedeltà di Leonora, l'innamoramento di Cherubino, il dolore di Orfeo, l'angoscia di Leporello o di Papageno, l'estasi amorosa di Tristano e Isotta [...] ma può anche dar forma a personaggi come Figaro, Susanna, la contessa, Don Giovanni [...]. La musica coopera con la poesia e ha di solito una funzione più importante di quest'ultima per la formazione di un personaggio e per il tipo di raffigurazione [...]. Da essa bisogna distinguere l'espressione nella musica assoluta. Se diciamo che un brano musicale è pieno di profondo dolore e di gioia allora non si tratta della raffigurazione di un personaggio e dei suoi sentimenti, ma dall'intero brano viene fuori piuttosto che la qualità della tristezza, della serietà, della gioia del giubilo». (Von Hildebrand, pp. 848-849)

La musica ha un potenziale espressivo della vita interiore illimitato ma, come dice Von Hildebrand, con la musica è possibile esprimere anche la bellezza etica dei valori morali cioè la bellezza metafisica: «la musica assoluta, in quanto voce del cuore, può improntare non solo la qualità affettiva di sentimenti umani, ma anche una specifica serietà morale, una nobiltà morale, una grande purezza o devozione. La bellezza metafisica di questi valori morali si collega con la bellezza puramente spirituale della melodia, dei temi, delle armonie e contribuisce in maniera assai rilevante anche alla bellezza globale dell'opera d'arte musicale». (Von Hildebrand, p. 857)

Anche se la musica può evocare le grandi virtù che conferiscono dignità alla condotta umana tale bellezza definita dal filosofo "bellezza metafisica della moralità", ha una funzione subordinata: «Ciò non significa che questa bellezza metafisica, espressa con mezzi musicali, non debba toccarci profondamente il cuore e catturarci nella sua nobiltà [...]. Il nostro comportamento deve essere quello di sorseggiare tutta la bellezza specificatamente artistica del brano musicale, dobbiamo apprendere appieno la pura bellezza della melodia, dei temi, delle armonie ecc. nella loro indipendenza dalla Bellezza metafisica espressa, in una parola, dobbiamo rimanere nel mondo dell'arte». (Von Hildebrand, pp. 857-858)

Il valore estetico della Bellezza lo ritroviamo quindi dispiegato sia nella natura, sia nel mondo della cultura, sia nel mondo dell'etica-morale, sia nella società, sia nella tecnica operativa, sia nel sentimento universale della religione insomma in ogni direzione.

La bellezza che dobbiamo imparare a cogliere dovunque, analizzare, lasciarci invadere e come dice il filosofo "lasciarci affezionare" parla alle emozioni, sollecita stati d'animo, attiva energie sia quelle dell'intelligenza razionale della conoscenza, sia quelle dell'intelligenza operativa pratica, sia quelle della fantasia creativa, sia quelle della intelligenza morale, attivata dai valori universali dell'etica.

La bellezza in senso lato ha poteri eccezionali su tutte le sfere e facoltà dello Spirito umano.

Per uscire tuttavia dal mero atteggiamento descrittivo filosofico e pedagogico ci dobbiamo rivolgere ai contributi delle scienze neurologiche e dovremmo cercare le cause o i rapporti esistenti tra la bellezza e l'amore e anche tra la bellezza e le attività intellettive razionali o le attività pratiche e quelle etico-morali.

È necessario sottolineare però che la bellezza pur avendo una realtà ontologica non giunge nella coscienza umana in maniera meccanica e deterministica, scrive Cassirer: «La bellezza non la si può definire in semplici termini di 'percepi' cioè essere percepito. Bisogna definirlo in termini di attività dello Spirito riferendosi a un orientamento speciale della funzione del percepire. Non consiste in percezioni passive. Dall'altra parte, tale processo non ha un carattere semplicemente soggettivo; al contrario è una delle condizioni per l'intuizione di un mondo oggettivo». (Cassirer, p. 263)

È un dato di esperienza che la bellezza accende l'amore, «solo colui che nell'indagarne l'essenza rimane avvinto, inebriato dalla bellezza e ne diviene amante, solo costui può sperare di penetrarne l'essenza». (Von Hildebrand, p. 7)

L'approfondimento scientifico di questo rapporto bellezza-amore, come già detto, ci viene offerto dall'esempio di due giovani che si innamorano in un contesto ambientale poetico di profumi e paesaggi ameni: «dentro le loro teste molte fibre partenti dagli occhi hanno segnalato alla corteccia visiva la perfezione delle linee dei loro visi coinvolgendoli in un sentimento di gioia che ha attivato l'amigdala e aumentato la loro emotività. Scariche di dopamina e ossitocina, i neurotrasmettitori del piacere e dell'innamoramento, hanno inondato le sinapsi e la corteccia prefrontale che cercava di resistere ai loro desideri, ha cominciato a cedere. Nel frattempo l'ippocampo, porta della memoria, ha fissato tutto intensamente perché intenso era il coinvolgimento emotivo dei due giovani». (Maira, p. 155)

La bellezza agisce sicuramente sugli stati d'animo e come scrive il filosofo Von Hildebrand «è una delle grandi fonti di felicità della vita umana. Naturalmente come tutte le fonti centrali di felicità, la bellezza ha moltissime gradazioni a seconda della sensibilità dell'individuo». (Von Hildebrand, p. 10)

Dal punto di vista pedagogico dobbiamo evidenziare ancor più l'importanza della bellezza sull'anima dei bambini: «per ogni uomo-scrive il filosofo non del tutto ottuso, la bellezza è una grande fonte di felicità. Già i bambini si riempiono di entusiasmo per la bellezza della natura, per la poesia delle diverse stagioni, dal sorgere e dal tramontare del sole». (Von Hildebrand, p. 11)

Per rimanere ancora nell'ambito pedagogico e cogliere l'efficacia educativa della Bellezza anche nell'ambito etico-morale religioso è giovevole riflettere sul seguente passaggio dell'opera *Estetica* del filosofo Von Hildebrand: «Si consideri tuttavia come acquisito in modo esplicito che la bellezza non rappresenta solo una solida difesa contro l'impurità la bassezza, la rilassatezza di ogni tipo, la rozzezza e l'insincerità ma ha anche il significato positivo di elevarsi moralmente [...]. La bellezza ci invita alla trascendenza ci conduce in Conspectum Dei». (Von Hildebrand, p. 13)

Per approfondire e chiarire ulteriormente i rapporti interattivi tra la bellezza, (o la bruttezza) e le emozioni (di piacere o rifiuto) la volontà e l'azione di risposta dobbiamo capire i collegamenti sinaptici delle reti neuroniche che vanno dai recettori sensoriali alle aree del cervello che smistano i segnali, li inviano alla corteccia e alle aree preposte alle reazioni emotive cioè l'area limbica sede dell'amigdala.

Nell'uomo il rapporto stimolo sensoriale e risposta emotiva così come bisogno fisiologico e reazione emotiva in gran parte deve essere valutato e controllato dalla parte del cervello preposta alle attività razionali coscienti cioè l'area prefrontale della neo-corteccia.

È proprio su questa area della volontà consapevole, della capacità analitica valutativa che si dovrà agire dal punto di vista educativo.

Scrive il neurologo Goleman: «La neo-corteccia dell'homo sapiens, tanto più sviluppata che nelle altre specie, è responsabile di tutte le nostre capacità segnatamente umane. Essa è sede del pensiero, contiene i centri che integrano e comprendono quanto viene percepito dai sensi e inoltre aggiunge ai sentimenti ciò che noi pensiamo di essi e ci consente di provare sentimenti a proposito delle idee dell'arte, dei simboli e dell'immaginazione». (Goleman, p. 30)

L'analitica osservazione dei comportamenti e delle reciproche interazioni tra le volontà, il pensiero e i sentimenti o le emozioni suggeriscono l'esistenza di canali di collegamento e anche di possibile interazione e condizionamenti tra le diverse aree del cervello.

L'ipotesi suggerita delle osservazioni comportamentali e risposte emotive trova conferma nelle ricerche scientifiche delle Neuroscienze: "Le Doux ha scoperto che oltre alla via che dal talamo va alla corteccia, esiste un fascio più sottile di fibre nervose che vanno direttamente all'amigdala. Questa via più sottile e più breve-una sorta di vicolo "neurale- permette all'amigdala di ricevere alcuni input direttamente degli organi di senso; essa può così cominciare a rispondere prima che quegli stessi input siano stati completamente registrati dalla neurocorteccia".

Questo dice che la risposta allo stimolo non è filtrata, valutata e decisa dalla sola neocorteccia ma che l'emozione viene prima della risposta razionale tuttavia, come si vedrà, l'azione educativa permette ai centri del pensiero della valutazione razionale di intervenire e controllare la risposta emotiva almeno in una certa misura.

Goleman sottolinea però che «i centri superiori non governano tutta la vita emotiva; nelle fondamentali questioni di cuore-e soprattutto nelle emergenze emozionali-essi sono sottomessi al sistema limbico [...] le aree emozionali sono strettamente collegate a tutte le zone della neocorteccia attraverso una miriade di circuiti di connessione. Ciò conferisce ai centri emozionali l'immenso potere di influenzare il funzionamento di tutte le altre aree del cervello compresi i centri del pensiero». (Goleman, p. 31)

Questi strettissimi collegamenti tra il sistema delle emozioni, cioè l'area limbica, e ogni altra area del cervello e ovviamente tutte le zone della neocorteccia ci dicono che ogni atto della vita, vuoi quella strettamente biologica che quella superiore del pensiero e della volontà, è legato alla gratificazione o frustrazione che l'amigdala conferisce a tutti gli aspetti della vita quotidiana.

L'ampio ventaglio delle emozioni si dispiega ogni momento nel vivere quotidiano e il vivente volente o nolente prova emozioni di piacere, di ansia, di paura, ti rifiuto, di desiderio e tutti gli stimoli sensoriali ma anche tutte le esperienze culturali sociali spirituali, ricevono dosaggi di emozioni che colorano la vita molto spesso dominando persino sulla libera volontà della Coscienza.

Non Siamo schiavi delle emozioni nella misura con la quale siamo capaci di attivare i centri cerebrali della neocorteccia nella zona prefrontale sede della volontà, razionalità.

Il problema della totale libertà dell'uomo dal punto di vista neurologico è comunque ancora aperto.

Un interessante contributo sulla questione Coscienza e base neurologica del cervello, e anche libertà-emotività, ci viene offerto dal neurochirurgo Maira: «Secondo molti filosofi e scienziati questa grande libertà in realtà è un'illusione: il libero arbitrio semplicemente non esiste. È stato dimostrato che nel perseguimento di un compito certe regioni del cervello si attivano prima che quella decisione diventi cosciente [...]. Se è così, dicono alcuni, le nostre decisioni non scaturiscono dal ragionamento; ci limiteremmo a rispondere a segnali provenienti dall'ambiente nel fluire continuo della nostra attività cerebrale e lo faremmo in modo automatico [...]. La Coscienza sarebbe molto più ridimensionata come se dentro la nostra testa ci fosse qualcuno che ci dice cosa fare prima che ne possiamo essere consapevoli». (Maira, p. 253)

Quantunque non siamo schiavi delle emozioni è in dubbio che il mondo delle emozioni con le leve del piacere del dolore, con le sfumature della gratificazione e della frustrazione orienta continuamente la nostra volontà e le nostre decisioni e perciò parlare del libero arbitrio e della libertà come il nostro potere illimitato per agire su di noi è arbitrario. Non è detto (però) che la nostra Coscienza debba essere esentata da ogni responsabilità decisionale schiava di schemi già prefissati: aperte «Sappiamo veramente poco della mente e dei meccanismi del ragionamento. Sappiamo però, che il pensiero non sempre giunge al livello di consapevolezza [...] buona parte della nostra vita mentale è inaccessibile alla Coscienza: è l'inconscio». (Maira, p. 254)

Rimane il grande interrogativo: «Quando moriamo la nostra Coscienza o la nostra anima muore con noi o semplicemente si distacca dal corpo? Forse, di tutti i misteri dell'universo, questo è quello che nessuno riuscirà a risolvere con i soli mezzi che la scienza ci mette a disposizione». (Maira, p. 255)

EFFICACIA DIDATTICO – EDUCATIVA DELLA BELLEZZA

Il tema filosofico e scientifico del rapporto Coscienza e circuiti neuronici, e quindi il problema degli spazi della libera Volontà dell'uomo in rapporto ai condizionamenti posti dalla genetica non è stato completamente esplorato e compreso dagli scienziati ma per noi operatori della didattica è sufficiente ribadire la forte valenza delle esperienze della Bellezza (dispiegata nell'intero universo della natura e della cultura) per operare efficacemente e raggiungere gli obiettivi culturali, operativo-pratici ed etico morali e anche di istanza metafisica che contribuiscono al conseguimento delle finalità educative.

L'insegnamento a favore dei giovani, come ci ricorda il filosofo René Hubert deve «Mirare, come ogni educazione, a permettere all'uomo di crearsi quella visione personale dell'esistenza in cui si completa l'affermazione della sua personalità e la definizione del suo Carattere». (Hubert, p. 400)

L'educazione alla bellezza è decisamente la strada maestra che conduce alla formazione del carattere e della personalità umana articolato e strutturato secondo forme che consentono al giovane di integrarsi felicemente nella società e avere spazi di espressione della propria libera creatività e nello stesso tempo aprirsi alle dimensioni della metafisica.

Il filosofo René Hubert in breve sintesi coglie i tratti felici di questa concezione del mondo dove la bellezza è stata ed è la regina che alimenta le tante energie dello Spirito: «L'entusiasmo che porta a cogliere nelle cose la bellezza che le unisce alle aspirazioni soggettive della Coscienza; l'amore con cui l'uomo si protende verso gli altri esseri; l'ottimismo della pietà che unisce alla gratitudine, per quanto le cose manifestano della loro prima essenza spirituale; la simpatia con cui l'essere afferma (identica a quella degli altri esseri) la sua natura e il suo fine: sono tutte forme queste del carattere, perché sono atteggiamenti di fronte alla vita, filosofia dell'esistenza». (Hubert, p. 401)

Per il filosofo Hubert così come per Von Hildebrand la Bellezza potrebbe condurre alla Divinità se educhiamo il nostro Spirito alla contemplazione e alla meditazione sul senso ultimo della vita e sul nostro tendere all'infinito per il quale è inadeguata la categoria filosofica e scientifica dello Spazio-Tempo.

È però dentro di noi l'anelito verso il mistero e l'infinito quasi la voce misteriosa che ci spinge e ci costringe a superare ogni limite aspirando a una felicità che mai si appaga degli obiettivi e dei traguardi di questa esistenza terrena.

Il filosofo Hubert ritiene indispensabile anche un insegnamento religioso ma che abbia particolari caratteristiche. Scrive: «Lo scopo supremo dell'insegnamento religioso è quello di convincere ogni individuo che la voce della Divinità è ben quella che noi sentiamo nel fondo della Coscienza; che il rispetto e la dedizione, cioè la simpatia per la persona umana e per tutti gli esseri dell'universo sono i metodi di vita di cui noi disponiamo per obbedire a essa e che riconosciamo che tale ascensione è impossibile senza qualche soccorso dell'esterno, senza qualche rapimento da parte di questa forza trascendente, è questa una ulteriore ragione di gratitudine e pietà». (Hubert, p. 404)

Per il filosofo Von Hildebrand "la bellezza è riflesso di Dio".

La bellezza ha una capacità magnetica sull'uomo ed esige risposte dello Spirito Umano in molteplici direzioni operative.

Invita alla Contemplazione ma poi sollecita la Razionalità, alla comprensione oggettiva, sollecita l'amore per i valori universali e guida la riflessione lungo le direttrici dell'Etica morale; stimola i centri Creativi della fantasia, gratifica in gran parte le aspirazioni al bello e alla felicità. Come scrive Von Hildebrand, ci sono alcuni momenti del paesaggio, della realtà naturale, alcune atmosfere nelle diverse ore del giorno e della notte o nelle diverse stagioni, ci sono scenari del firmamento o eventi che rapiscono il cuore e il pensiero dell'uomo e spingono a rapimenti ora romantici, ora mistici e fanno sentire la condizione umana non solo precaria e pavida ma eterna viaggiatrice verso la beatitudine di mondi ignoti lontani appaganti dove bellezza, è sinonimo di Sublime rapimento e unione con l'immensità del Creato.

P.S. Il lavoro potrebbe proseguire con una ipotesi di programmazione cunicolare che colloca la Bellezza come obiettivo educativo e mezzo didattico per la formazione integrale della personalità di ogni studente.

BIBLIOGRAFIA

Jose Antonio Jàuregui, *Cervello ed Emozioni*, Pratiche Editrice, 2001

Ernst Cassirer, *Saggio sull'uomo*, Armando Editore, 1969

John P. Wynne, *Le teorie moderne dell'educazione*, Armando Editore, 1971

Daniel Goleman, *Intelligenza Emotiva*, BUR Rizzoli, 2001

Dietrich von Hildebrand, *Estetica*, Bompiani, 2006

Renè Huber, *Trattato di pedagogia generale*, Armando Editore

Abraham Harold Maslow, *Motivazione e personalità*, Armando Editore, 1973

Sergio Hessen, *Ideologia e autonomia della educazione,* Armando Editore

Sergio Hessen, *Fondamenti filosofici della pedagogia*, Armando Editore, 1968

Eustachio Paolo Lamanna, *Storia della filosofia - Il pensiero antico*, Le Monnier, 1971

Giulio Maira, *Il cervello è più grande del cielo*, Solferino, 2019

INDICE